JR旅客6社徹底比較

池口英司

河出書房新社

６社の違いを読みとけば、日本の鉄道の姿が見えてくる◉はじめに

明治の初めから１１５年ものあいだ、日本の鉄道のけん引役を務めてきた日本国有鉄道（＝国鉄）が消滅し、この組織の受け皿となる民営会社としてＪＲ７社が発足したのは、１９８７（昭和62）年春のことだった。

国鉄は全国の鉄道を一元管理する巨大な組織として、日本全国に延《の》ばされた鉄道を運行し、日本の経済、文化を支えてきたが、昭和中期以降は労使の対立が深刻化するなど組織の疲弊《ひへい》が顕著《けんちょ》になり、この打開策として採られたのが、民営会社への移行だったのである。

それから35年が経過し、ＪＲ各社の懸命な経営努力は、いまもなお続いている。発足直後には不鮮明だった運営スタイルや指向は、時を追うごとに明確になっていった。今日では運転される車両や運転方式、乗客サービス、関連事業などにもさまざまな相違点が見出《みいだ》せるようになり、画一《かくいつ》的な運営を続けていた国鉄時代からの大きな変貌を利用者に感じさせてくれる。

そこで本書では、主に旅客輸送を担《にな》うＪＲの旅客鉄道６社について、運行されている車両や経営スタイルなど、さまざまな角度から各社を比較し、ＪＲの発足から35年を経た日本の鉄道の姿を検証してみることとした。取り上げるテーマは車両、運転、経営、未来像などのジャンルに分けることとし、偏りを防ぐことから、同等の分量での記述としている。

ＪＲグループのうちの６社、すなわち各旅客鉄道会社は、地域を分けるかたちで分割された。

これは当然のことで、気候、風土などがまったく異なる地域であれば、鉄道が担うべき役割も異なり、それはおのずから車両のスタイルや、経営のスタイルにも少なくない影響を与えることになる。国鉄時代に製作された車両を「国鉄形」と総称する考え方も生まれているが、そこから一歩進んで、ＪＲ各社の車両のバラエティについても思いをめぐらせてみたい。

　また、経営の規模についても目を凝《こ》らしてみれば、そこにも発見がある。圧倒的な路線延長を保有するのはＪＲ東日本で、車両の保有数も圧倒的だ。東海道新幹線を保有することで安定経営が続き、就職を希望する学生からの人気も常にトップクラスにランクされるＪＲ東海は、保有車両数は思いの外少なく、在来線の距離も驚くほど短い。そんな数字を見比べていくと、鉄道に対する新たな興味が湧《わ》いてくる。景気の低迷やコロナ禍によって、思わぬ足踏みを強《し》いられてしまった日本だが、鉄道の世界は確実に、日々変化を続けているのだ。

　なお、参考とさせていただいたデータは、２０２２（令和４）年４月１日のものを基本としているが、同日のデータが得られないものや、その後の変化が追えたものについては、そのデータも参考とした。このような数値は変化が速いことから、単に「数字比べ」に終始してしまうと情報も陳腐《ちんぷ》化してしまうので、その点にも留意し、細かな数字の変化があったとしても、変わることのないＪＲ各社の現代の姿について考察を加えている。

　ＪＲ各社の姿のさまざまな違いには、35年の歩みから生まれた相違点、そして未来像が見え隠れしているのだ。

池口英司

JR旅客6社 徹底比較／目次

1章 北海道 東日本 東海 西日本 四国 九州の車両を比較する

2章 北海道 東日本 東海 西日本 四国 九州 の

列車運行を比較する

3章 北海道 東日本 東海 西日本 四国 九州 の

経営スタイルを比較する

4章 北海道 四国 九州 3島会社の現状を比較する

5章 北海道 東日本 東海 西日本 九州 の 新幹線を比較する

6章 北海道 東日本 東海 西日本 四国 九州の新テクノロジーを比較する

カバーデザイン◉スタジオ・ファム
カバー・本文写真◉PIXTA
◉フォトライブラリー
図版作成◉新井トレス研究所

1章

北海道 東日本 東海 西日本 四国 九州の

車両

を比較する

6社のコーポレートカラーは、どう決められた？

１９８７（昭和62）年３月31日。１１５年の歴史を誇った国鉄（＝日本国有鉄道）は消滅し、翌４月１日に民営会社としてのＪＲが誕生した。国鉄の解体は、行きづまった組織を解体して再生させるための政治的な決着であったが、この時代には、鉄道の現場の規律の乱れが利用者の目にも明らかになっていたことなどもあって、多くの利用者がこの「荒療治《あらりょうじ》」を前向きなものと受けとめたのだった。

３月31日の夜には各地で国鉄最後の日を記念するイベントが行なわれ、翌朝の初発列車からは、各車両の正面、あるいは側面にＪＲのマークが描《か》き入れられていた。

それは、終発の列車の運転が終了したのち、初発の列車が動き始めるまでの数時間に行なわれた早業《はやわざ》であったが、このことだけが利用者を驚かせるには至っていないようにも見受けられた。国鉄をめぐる長い政治劇に国民の誰もが疲れ、まずはお手並み拝見というのが、本当のところだったのである。

ともあれ、１９８７年４月１日に、ＪＲ７社が発足した。それは旅客輸送を専門に行なう６つの会社と、貨物輸送を専門に行なうひとつの会社であって、旅客会社は地域ごとに北海道、東日本、東海、西日本、四国、九州に分けられた。それまでに開通していた新幹線については、

JR旅客6社のプロフィール

法人名	通称	本社所在地	主な事業区域
北海道旅客鉄道	JR北海道	北海道札幌市	北海道・青森県北部
東日本旅客鉄道	JR東日本	東京都渋谷区	東北・関東・甲信越・静岡県東部
東海旅客鉄道	JR東海	愛知県名古屋市	東海道新幹線及び東海・長野県南部・山梨県南部・神奈川県西部
西日本旅客鉄道	JR西日本	大阪府大阪市	北信越・関西・中国・福岡県
四国旅客鉄道	JR四国	香川県高松市	四国
九州旅客鉄道	JR九州	福岡県福岡市	九州

東北・上越新幹線がＪＲ東日本の、東海道新幹線がＪＲ東海の、山陽新幹線がＪＲ西日本の管轄《かんかつ》となった。

ＪＲ各社はそれぞれが民営会社として独自の経営を行なうが、ＪＲをかたどったシンボルマークは共通のものが使用され、それぞれにコーポレートカラーを用いることになった。

ＪＲマークは、車両の側面に掲出《けいしゅつ》されるものでもあることから、列車がどちらの向きに走っても違和感がないものであることが求められ、いくつかの案のなかから、現行の「Ｊの文字とＲの文字が一体になったもの」が採用された。

コーポレートカラーについては、各社をイメージする色が採用された。**ＪＲ北海道**は北海道の新緑をイメージさせる萌黄《もえぎ》色、**ＪＲ東日本**は東北・上越新幹線のイメージカラーともなった緑、**ＪＲ東海**は夜明けをイメージさせるオレンジ、**ＪＲ西日本**は日本の伝統と海、湖をイメージさせる青、**ＪＲ四国**は太平洋の明るい海をイメージさせる水色、**ＪＲ九州**は南国をイメージさせる赤が採用され、貨物輸送を専門に行なうＪＲ貨物は、ニュートラルなイメージに近いコンテナブルーが用いられることになった。それぞれの色は、分割・民営化される前の１９８７年2月20日に発表されている。

またこのときには、各鉄道会社の名称に用いる「鉄」という文字については、一般的な「鉄」という字が「金を失う」と読めることから、ゲンを担《かつ》いで「鉃」という文字があてられることになった。この規則は今日でも生きているのだが、当初は表記について神経質になっていたマスコミ各社も、発足から30年以上が経過した今日では、一般的な「鉄」という文字を使うことが通例となっているようだ。

思えば、「鉄」という文字を社名に使っている会社は日本に無数にあるが、そのすべてが金を失って倒産するというわけでもないのだから、大切なのはゲン担ぎよりも意気込みということなのだろう。

ＪＲが発足した時代には、鉄道会社が自社の路線にラインカラーを設定して利用客の便宜《べんぎ》を図るスタイルもすっかり定着していた。

鉄道各社がラインカラーを採用するようになったのは昭和中期からで、主に乗客の誤乗《ごじょう》を防ぐために駅に掲出されるサインに用いられるようになり、とくに駅の構造が複雑になりがちな地下鉄で積極的に採用されて成果を得た。これにならうかたちで、国鉄、私鉄でも利用されるようになり、この潮流《ちょうりゅう》は現在に続いている。

国鉄では、１９５７（昭和32）年に運転を開始した１０１系電車（登場時の形式名はモハ90形）に鮮《あざ》やかなオレンジ色の車体色を採用して利用客を驚かせた。以後も中央線で運転される通勤電車にはこの色が採用されて、今日では「オレンジ色＝中央線」のイメージがすっかり定着している。

ＪＲ各社が発足時にコーポレートカラーを採用したことは、この成功例の延長線上にあるものとも考えられ、実際にそれぞれの色はＪＲ各社のイメージとして定着し、もちろん、２社の共同使用駅などでは、乗客を誘導する効用も備えている。その意味からしても、ＪＲ各社が採用したコーポレートカラー戦略は、大いに成功したといってよさそうだ。

特急形車両から見えてくる各社の個性とは？

ＪＲ各社の個性はＪＲ発足直後に登場した各社の特急形車両にも見てとることができる。

１９８７（昭和62）年4月1日のＪＲ発足からおよそ1年間の6社には、どこも目立った動きはなかった。それは民営会社へと姿を変えた各社にとって、これから目指していく方向を見定めるために必要な期間であったのかもしれない。

しかし元号が変わり、１９８９（平成元）年になると、各社にさまざまな動きが見えてくる。６社がそれぞれのフラッグシップトレイン、自社の新しい看板となる新型特急車をリリースし始めたのがこの時期だった。それぞれの特急形車両には、各社のコンセプトが反映されており、全国一律で同じ形式の車両が走っていた国鉄時代からの変貌を、利用者に印象づけたのである。

この時代に登場したＪＲ各社の新型特急車は、北海道７８５系、ＪＲ東日本６５１系、ＪＲ東海キハ85系、ＪＲ西日本６８１系、ＪＲ四国２０００系、ＪＲ九州７８３系で、いずれの形式も各社のスタンダードとなり、その活躍は長く続いている。そして、それぞれの形式にも各社の個性が読みとれることが面白い。

１９８９年3月のダイヤ改正で登場した**ＪＲ東日本**の６５１系は、常磐《じょうばん》線特急「スーパーひたち」用として開発された。それまでの国鉄形の特徴だった汎用性《はんようせい》を重視する設計を見直し、この形式だけのオリジナリティを前面に打ち出す設計を採用した。

それは国鉄時代からの１８０度の転換であったが、利用者からの大きな支持を得て、その後に登場した鉄道車両に大きな影響を与えている。鉄道車両は全国一律のデザインをしているのではなく、路線ごとに形や色が異なる。それは、鉄道会社が地域と密着する姿勢を打ち出したものと捉えることができ、イメージアップにもつながる施策《しさく》と目《もく》されたのである。

ＪＲ東海のキハ85系は、高山本線を走る特急「ひだ」で１９８９年2月に運転を開始した。気動車ながらステンレスボディを採用している。

これはイメージを一新するばかりでなく、車体を軽量にすることで、軽快な走りを可能にした。車体側面に巻かれたオレンジの帯《おび》は、ＪＲ東海のコーポレートカラーにちなんだものだ。「ひだ」の運転開始から3年後には、紀勢《きせい》本線の特急「南紀」にも充当され、運用の範囲を広めている。

ＪＲ東海は分割民営化によって東海道新幹線を保有したため、ビジネスライクなイメージがついてまわっていたが、このとき新登場した特急形気動車には、利用者に新時代の在来線特急がグレードアップされ、さらなる高速運転が実施されることを予感させるものとなった。

ＪＲ西日本の新型特急車は他社からは少し遅く、１９９２（平成４）年に登場。関西圏と北

JR東日本651系

JR東海キハ85系

JR西日本681系

陸地方を結ぶ特急への充当を日的に開発されたこの681系は、ビジネスユースをメインに据《す》えながら、高品位なインテリアデザイン、外観を有し、国鉄特急形電車からの大いなるステップアップを果たした。

グリーン車のゆったりとしたシート配置や、落ち着きの感じられる配色など、居住性への配慮もなされており、この設計思想は後続の特急形電車や、さらには現代の通勤用電車にも継承された。今日ではJR西日本の車両のゆとりあるデザインは、すっかりお家芸《いえげい》となった感がある。

JR北海道の785系は、1990（平成2）に運行を開始した。こちらもステンレスボディを採用した軽快感のあるスタイリングで、札幌～岩見沢《いわみざわ》間など、中距離の拠点間輸送に適したデザインが用いられている。

寒冷対策も徹底され、汎用国鉄形車両の小改造では不十分だった辛《つら》い冬の経験が活かされている。スピード感のあるデザインも魅力的で、利用者に国鉄時代からの大いなる飛躍を印象づけるものとなった。

JR四国の2000系は、振り子式車両として1990年に登場した気動車で、曲線区間の多い路線での速度向上に貢献。やはりステンレスボディを採用し、国鉄時代の足の遅い気動車からのイメージチェンジを成功させた。

車両に搭載したコンピュータで制御する新しい振り子システムは大きな成功を収め、他社に登場する新型車両にも大きな影響を与えた。四国がよそから来る中古車両ばかりを運転する時代は、過去のものとなったのである。

そして、１９８８（昭和63）年３月に運行を開始した**ＪＲ九州**の７８３系は、車体中央部に側《がわ》扉《とびら》を設ける大胆な設計を採用。インテリアデザインにも独自の思想が反映されており、これはやがて和風のデザインを多用する現在の方策へと昇《しょう》華《か》されている。

ＪＲ各社の特急形車両に用いられたさまざまな意《い》匠《しょう》は、その後に登場する各社の後継車に受け継がれている。それは鮮やかなまでの、国鉄時代からの大きな転換だった。

JR北海道785系

JR四国2000系

JR九州783系

本州3社の通勤形車両のコンセプトとは？

ＪＲ発足後に登場した特急形車両は、各社のイメージリーダーカーとして、利用者にＪＲの新生を感じさせる役割を果たした。

その一方で、通勤形車両については交替に時間が要され、発足から間もない平成初期には、各社に国鉄時代から継承された車両が数多く残り、ＪＲ各社間の色分けをすることはできなかった。これは当然のことで、鉄道車両の開発には相応《そうおう》の時間がかかるからだ。予算の調達、さらにはメーカーに対応できるだけのキャパシティが備わっているのかという問題もある。

そんなＪＲ各社の通勤形車両も、やがてオリジナル車両が登場するようになり、各社の性格がより明確になっていった。

ＪＲ東日本が初めてリリースした通勤用電車が、１９９２（平成４）年4月10日から営業運転を開始した２１５系だ。10両編成４本、計40両が製作されたこの電車は、10両編成すべてを２階建て構造とすることで利用客の着席機会を増加させることを狙った。そして、東海道本線東京口の快速電車などに充当され、それまでは輸送力の確保を第一義と捉えていた首都圏の通勤輸送からの転換を印象づけた。

ＪＲ東日本が国鉄から継承された１０３系、２０１系、２０５系などの代替を果たすべく、

Ｅ２３１系の運転を開始したのは２０００（平成12）年3月のことで、この形式では新技術の採用によって経済性の推進と、車両のリサイクルを視野に入れた設計を採用。地球資源を最大限に活用する考え方は、現代にも継承されている。

東京圏の通勤輸送という、他の地域とはけた違いの大量輸送を強《し》いられるＪＲ東日本ではあるが、国鉄時代の輸送力第一主義からの脱却は、利用者に時代の進歩を感じさせる事象となっている。

ＪＲ東海は、１９８９（平成元）年7月9日に３１３系の運転を開始している。この形式は国鉄から継承された１１３系、２１１系などの後継にあたる存在で、３扉車という車体から見ても、通勤形というよりも近郊形と呼びたくなるようなデザインを採用している。

しかし、首都圏、関西圏のような過度の人口集中がない中京圏の通勤輸送では、通勤形車両であっても輸送力よりも居住性に配慮することが重視され、それは通勤における自動車利用の普及や、特急形車両を通勤時にも運用する競合路線である名古屋鉄道への対応策としても当然の選択といえた。

そして、この時代には通勤時以外の短編成化も容易にする方策が重視されており、編成を短くする代わりに頻繁《ひんぱん》運転を実施する方式が積極的に採用されるようになった。２両編成や４両編成といった短編成の列車が多数運転されるようになったのは、「運転本数は少ないが、１列車あたりの輸送力は大きい」という傾向があった国鉄時代からの１８０度の転換であり、これ

JR東日本215系

JR東海313系

JR西日本221系

はＪＲ東海の、新時代のニーズへの対応であった。

関西圏での通勤輸送を担《にな》う**ＪＲ西日本**は、いち早く新世代の通勤用車両を製作している。それは１９８９年３月６日に営業運転を開始した２２１系で、この形式も３扉車というスタイリングで分類するのであれば、近郊形電車の範疇《はんちゅう》に含まれるということにはなるが、いち早く通勤輸送の主役に就《つ》いている。

関西圏では、１９８０（昭和55）年１月から運転を開始した１１７系が新快速を中心に運用される車両でありながら、車体には両開きの2扉方式を採用し、客室設備についても転換式のクロスシートを配置して、ラッシュ時への対応と居住性を両立させている。２２１系は１１７系の後継車的な役割も果たし、１１７系登場時と同じように抜群の居住性を発揮して、多くのファンの憧れの的《まと》となったのである。

ラッシュ時であっても2扉、あるいは3扉車を運転できるのは、首都圏ほどの混雑率を記録することはない関西圏の通勤輸送の事情によるものでもあるが、常に並行する私鉄との競争を強いられ、通勤用の車両でさえ、グレードの高い車両の投入が求められた関西の鉄道の伝統に裏打ちされたものでもあった。

首都圏、中京圏、関西圏と、それぞれ微妙に異なる通勤輸送のニーズに対応すべく、ＪＲ発足後に登場したこれらの通勤用車両もＪＲ３社の個性を体現する存在となり、そのコンセプトもまた、その後に登場する新型車両に継承されている。

3島会社の通勤形車両のコンセプトとは?

それでは、本州のＪＲ３社ほどは混雑率が高くない北海道、四国、九州の通勤車両の事情はどのようになっているのだろうか。

ＪＲ北海道では、発足直後の１９８８（昭和63）年11月３日に７２１系の営業運転を開始した。

これはもちろん、国鉄時代から設計が開始されていた車両だ。通勤形電車が運転される札幌の近郊区間では従来から７１１系が運転されていたが、この車両が乗降に時間がかかる2扉車であることから、ラッシュ時の運転には不向きで、通勤輸送に適した3扉の電車が開発されていたのである。

７２１系がそれまでの3扉の電車と異なっていたのは、車両の中央部に設けられた側扉にも出入り台（デッキ）を設け、前後の客室とのあいだに仕切り扉を設けた点だ。

これはもちろん、冬の寒気《かんき》が客室に侵入することを防ぐことを目的として採用された意匠であったが、客室の独立性を高めるという利点があり、これを活かして新千歳空港へのアクセス列車快速「エアポート」に充当される７２１系は半室を指定席「uシート」にする方策がとられている。７２１系の客室には転換式のクロスシートが配置されており、このあたりは極端な混雑のない北海道の車両らしいスタイルとなっている。

JR四国は、１９９０（平成2）年に７０００系電車と１０００形気動車の営業運転を開始した。この両形式は共通のコンセプトのもとに開発された車両で、ラッシュ時の輸送と、閑散《かんさん》時間帯の輸送の両方に対応可能としたものだ。

車体は20m級のステンレス製とし、片側に3か所の側扉を設置。このうちの中央扉は両開き、両端のドアは片開きとして乗降時間の短縮を図り、客室設備はロングシートとクロスシートを千鳥《ちどり》状に配置するという独特のスタイルとなった。

JR北海道721系

JR四国7000系

JR四国1000形気動車

それまでの鉄道車両は車体の扉配置にしても、客室のレイアウトにしても、２つのスタイルを混在したものは稀《まれ》であったから、ＪＲ四国が採用したこの新しい意匠は大いに注目された。美観という点からいえば、この両形式を採用したスタイルは、褒《ほ》めにくいものではあったのだが、実際に営業運転に就役《しゅうえき》した両形式は、その合理性を立証したのである。

国鉄の最晩年となった時代には、それまでセミクロスシートが定番となっていた近郊形電車にオールロングシートの車両が登場するなど、従来の設計思想から一歩踏み出したかたちの車

JR九州811系

両が登場するようになり、それは利用者の賛否両論を呼んでいた。

しかし、ＪＲ四国の７０００系電車や１０００形気動車は、そのような考え方をさらに一歩進めたものとなり、今日では、このような、規則性だけにとらわれることのない設備が、さまざまな形式で採用されるようになっている。両形式は、まさにパイオニア的存在だったのだ。

ＪＲ九州には、自社オリジナルの近郊形電車となる８１１系が１９８９（平成元）年7月に登場した。この形式でも車体にはステンレスが採用され、先頭部は機能性と汎用性を重視した共通仕様のデザインから脱却してオリジナリティを強調。客室には転換式のクロスシートを配置して、良好な居住性が確保されている。

また、コーポレートカラーである赤を随所《ずいしょ》に採用したカラーリングも印象的で、これも国鉄時代からの大きな変化となった。コーポレートカラーを車体に用いることは、他の旅客鉄道でも積極的に行なわれており、その意味でも各社ごとに異なるコーポレートカラーを採用した戦略が成果となって表れている。

国鉄時代の車両は、機関車であれ、旅客用の車両であれ、全国規模での共通化が図られており、それは車両の運用効率を最大限に向上させるための方策であった。もしも、設計の不都合があるようならば、それぞれの現場で工夫して何とかする、というのが国鉄時代の流儀だった。車両設計にわずかに差異が生じるのは北海道向けに製作された車両ぐらいで、主に寒冷対策のために窓を二重構造にすることや、車両の出入り台を車端《しゃたん》部に寄せることだった。

しかし、ＪＲ発足後の各社は、それまでの足かせから解き放たれたかのように、各社がオリジナリティを前面に打ち出すようになったのである。

「形式名」は各社で、どう変化したのか？

国鉄時代の車両称号の規定は、鉄道１５０年の歴史のなかで、必要に応じて幾度《いくど》か変更がなされている。国鉄が姿を消した時代まで主に用いられていたものは１９５９（昭和34）年６月に制定されたもので、このときから電車の形式には3桁《けた》の数字を用いるようになった。２５７系、１１３系などという車両の形式名はこの法則に則《のっと》って定められたもので、１００の位、10の位に用いられる数字にもそれぞれ意味が込められている。

さらに、車両の側面に記された「モハ」「クハ」などの記号にも、もちろん意味がある。たとえば「モ」とは、「その車両にモーターが取り付けられている」という意味で、いっけん読解不可能な文字と記号の配列も、その意味と法則性を理解すれば、その記号と数字だけでその車両の性格を理解できるようになるというわけだ。

この法則は一部の私鉄でも採用されており、「モ」の代わりに、電車の「デ」を用いて「デハ」を名乗る車両など細かな差異こそあるが、完成度の高い規定として長く順守されてきた。

しかし、ＪＲの発足後は、長く続いたこの規定も少しずつ崩されるようになった。まず、自社オリジナルの形式番号を採用したのが**ＪＲ四国**で、１９９０（平成２）年から運転を開始した自社オリジナルの電車に７０００系、同じ年に運転を開始した気動車に１０００形という形式名を与えた。「モハ」「キハ」といった文字を使わない方式に変えてみせたのである。

このときのインパクトは大きく、「まるで私鉄のようだ」と多くのファンが感想を抱いたものだが、ＪＲ四国も民営鉄道のひとつである。まったく不思議なことではなく、ＪＲの新生を印象づける出来事となった。

ＪＲ東日本は１９９３（平成５）年に中央（東）線で使用されていた特急形電車１８３系・１８９系を置き換えるべく、新型電車を振り子式システムを採用して製作。同年12月23日に先行試作車１編成が営業運転を開始したが、この車両にはＥ３５１系という形式名が充てられ、これ以降にＪＲ東日本が製作した車両には形式名の頭文字に「Ｅ」という１文字が用いられることになった。このＥとは「East Japan Railway Company」のＥである。

国鉄・ＪＲの形式名について過去の事例をさかのぼってみると、国鉄が１９８６（昭和61）年に製作した２０７系は、同年11月29日から常磐線と地下鉄千代田線の相互直通運転に使用されたが、１９９１（平成3）年には**ＪＲ西日本**が同じく２０７系を名乗る電車を製作して、同年3月1日から東西線などでの運転を開始し、形式名がオーバーラップする事態が生じた。

これは、全国の路線が一元化されていた国鉄時代には考えられないことであったが、国鉄が製作してＪＲ東日本に継承された２０７系は、1編成のみが製作された「試作車」的な色合いが強い車両であり、運用範囲が限られていたことと、ＪＲ西日本の２０７系とは離れた場所での運転であったことから、混乱が生じることはなかった。ＪＲ東日本の２０７系は２００９（平成21）年12月5日に運用から外れ、翌月に廃車となっている。

ＪＲ東日本が用いた形式名への「Ｅ」の1文字は、新幹線電車にも採用されている。１９９４（平成6）年7月15日に運転を開始したＥ1系は「Ｍａｘ」の愛称でも親しまれたが、開発当初は「６００系新幹線電車」を名乗る予定だったものが改められている。

その後もＪＲ東日本が製作した電車にはＥの1文字がつけられ、２０１３（平成25）年から製作が開始された北陸・上越新幹線用のＥ7系は、共通の仕様を備える車両がＪＲ西日本でも製作され、こちらはＷ7系を名乗ることになった。東海道・山陽新幹線用として製作された３００系新幹線では、ＪＲ西日本が製作した車両については３０００番台を名乗っていたが、それとは異なる方式が採用されたことになる。

また、**ＪＲ九州**が２０１３年10月15日から運転を開始したクルーズトレイン「ななつ星in九州」は、各車両の形式名に「マイネ」「マイネフ」という具合に「イ」の字を使っていることが特徴だ。

これは、国鉄が1960（昭和35）年6月限りで廃止した1等車（現在のグリーン車のもうひとつ上のクラスとされた）に匹敵《ひってき》する車両であるという、一種の洒落《しゃれ》でのネーミングが採用されたが、これも国鉄時代には考えられなかった方策といえるだろう。

各社の「車両デザイン」は、どう進化した？

新型車両の製作が決定したときに、そのデザインはどのような手順によって決められていくのだろう。

鉄道車両はどれも、必要が生じたときにメーカーに発注される。その意味ではすべてオーダーメイドということになる。そして鉄道会社の車両担当者と、メーカーのあいだで打ち合わせが持たれ、鉄道会社の要望がメーカーに伝えられる。

この際には、まず仕様書が作成される。この仕様書のボリュームについては鉄道会社によって千差万別《せんさばんべつ》であるといい、数枚の場合もあれば、数十ページに及ぶ冊子《さっし》とでも呼べるようなものがつくられる場合もあり、総じて海外からの発注の場合は、仕様書のボリュームが大きくなる。外国が相手となると、政治的な問題などにも配慮しなければならないことがあり、メーカーにも慎重な対応が求められる。

仕様書ができあがった時点で、車両の方向性が煮詰められていき、コスト面などにも検討が加えられる。このときにはメーカーから鉄道会社への提案もあり、それがすんなりと受け入れられることもある。

一般にデザインというと、それは車両の形をどのようにするか、つまりスタイリングのことが思い浮かぶものだが、スタイリングは鉄道車両を設計していくうえでのほんの一部の条項でしかなく、デザインとは求められる条件を満たし、もちろん、定められたさまざまな規則に抵《てい》触《しょく》することのないように対処する総合的なパッケージングを指している。どんなに斬新《ざんしん》なアイディアであったとしても、それが使い勝手を損ねたり、安全な運行を妨《さまた》げるものであってはならない。そこもデザイナーの腕の見せどころとなる。

国鉄時代には「車両設計事務所」という国鉄に付属する機関（後年に設計課に統合）が設置されており、車両設計に関する業務が進められていた。先述したが、この時代の国鉄は全国で運転される車両を一元的に管理し、同一の形式をなるべく広範な地域で運用できるよう、汎用性を重視した設計が用いられていた。それが国鉄形車両に一本筋が通った趣《おもむき》を持たせ、ファンにとっての魅力となっていたのである。

このスタイルがＪＲ発足後に変わった。ＪＲ各社はそれまでの呪縛《じゅばく》から解き放たれたかのように、それまでには見られなかった車両デザインを採用し、自社のアイデンティティとしたのである。

ＪＲ九州はインダストリアルデザイナーの水戸《みと》岡鋭治《おかえいじ》氏を起用して、注目された。ＪＲ発足直後の１９８８（昭和63）年に改造によって登場したキハ58系「アクアエクスプレス」が氏の「作品」の最初のもので、７８７系「つばめ」、８８３系「ソニック」など、従来の鉄道車両にはなかったデザインを積極的に取り入れていく。

そして、２００４（平成16）年3月13日に運転を開始した九州新幹線８００系においては、「木の質感」「和のテイスト」を活かしたデザインを取り入れ、利用者を驚かせる。８００系の登場によって「水戸岡デザイン」のイメージは決定的なものとなり、以降もＪＲ九州の車両のデザインを担当。他社に登場する鉄道車両にも大きな影響を与えていく。

ＪＲ九州の水戸岡氏の起用に対抗するようなかたちで、**ＪＲ東日本**は２０１３（平成25）年3月16日に営業運転を開始した新幹線Ｅ６系などのデザインに工業デザイナーの奥山清行《おくやまきよゆき》氏を起用し、こちらも大きな話題となった。

また、ＪＲではないものの、京成電鉄は２０１０（平成22）年7月に運転を開始した2代目「スカイライナー」用新ＡＥ形の製作に際して、服飾デザイナーの山本寛斎《やまもとかんさい》を起用。山本はまず「刀」をテーマとして新型車両のデザインを開始したが、その途中で電鉄の担当者から、「鉄道車両は動くものであるということを念頭にしてデザインを進めてほしい」というサジェスチョンがあり、デザインのテーマが「風」に改められたというひとコマがあった。

つまり、大切なことはデザイナーが鉄道車両に求められるスタイルを理解し、落としどころを見つけるということなのだろう。

また、これは個人名がフューチャーされたものではないが、「サンライズ瀬戸」「サンライズ出雲」として運転される２８５系の製作には、住宅メーカーのミサワホームがデザインに参画《さんかく》し、２階建て車両という条件の難しい車両の内装デザインをそつなくこなしてみせた。「餅《もち》は餅屋」ということになるが、国鉄時代に積極的に行なわれることがなかった外部スタッフ導入の好例に数えられている。

JR九州883系「ソニック」

九州新幹線を走る800系

秋田新幹線を走るE6系

安全運行をバックアップする仕組みに違いはある？

現代の鉄道は、じつにさまざまな保安装置によって安全運行がバックアップされている。その代表格に取り上げられることが多いのがＡＴＳ（＝Automatic Train Stop）、自動列車停止装置である。

この装置の基本的な考え方は、先行列車などが存在するために赤信号が示されている区間に後続列車が進入した場合、後続列車を自動的に停止させるというものだ。その歴史は意外と古く、日本でも１９２７（昭和２）年12月に開業した東京地下鉄道（現在の東京メトロ銀座線の前身）がＡＴＳを採用して、安全性を確保していた。

それは「打ち子式」とも呼ばれるシンプルな構造のもので、赤信号が示されているときにはレールのあいだにアームが上がり、ここに列車がやってくると、アームが車両のエアコックに当たって、非常ブレーキが作動するというもの。信頼性は高かったようだ。

その後、ＡＴＳは電気信号を使用して動作するものに改められる。国鉄では１９５４（昭和29）年に東京の山手線と京浜東北線でＡＴＳの使用を開始。これは、列車が赤信号区間に侵入すると運転台に警報を鳴らすというシンプルなものであったが、１９６２（昭和37）年５月３日に三河島事故が発生すると、保安装置の必要性が強く求められるようになった。

この事故は常磐線三河島駅付近で、貨物用の線路から本線に進入しようとした貨物列車が赤信号を無視するかたちで進行して脱線。そこに常磐線の下り列車が衝突して脱線し、その後すぐに上り列車も突っこんで、死者１６０名を出す大惨事となったのである。

この事故をきっかけとして、ＡＴＳは運転士が警報を無視すると自動的に列車を停止するスタイルに改められた。それでも、運転士が警報を解除したあとに事故を起こすという事態が生じた。これは、人間に慣れが生じたことによるミスということになるが、さらなる改良が進められていく。

そして、現代の保安装置は、過去のものとは雲泥《うんでい》の差があるとでもいうべき、格段の進歩を見せている。列車の安全運行を担保する保安システムについては、ＡＴＳからさらに進歩したＡＴＣ（Automatic Train Control＝自動列車制御装置）や、列車の自動運転を行なうＡＴＯ（Automatic Train Operation）、さらには、列車の運行を運転指令所で一元管理するＣＴＣ（Centralized Traffic Control＝列車集中制御装置）も、ＡＴＳと同様に保安システムのひとつである。

ＡＴＳが非常時に列車を緊急停止させるのみの機能であるのに対し、ＡＴＣでは各列車がその位置で出すべきスピードを指示し、速度超過があればシステムが自動的にブレーキをかけるというものだ。

ただし、現在ＪＲや私鉄各社が採用している保安システムは、それぞれの路線の特性に合わせて高度な進化を果たしているので、単純な区分が難しくなっている。そのため、保安システムを総じて「ＡＴＳ」と呼ぶことが多くなっており、さらに、それぞれの性格を明確にするために「○○電鉄型ＡＴＳ」と呼ぶこともある。

　現在のＪＲ各社で使用されているＡＴＳも細かく仕様が分かれていて、各社間で共通に使用することはできない。基本的なものだけでもＡＴＳ－Ｓ改良形、ＡＴＳ－Ｐ形、ＡＴＳ－Ｐｘ形、ＡＴＳ－Ｄｘ形に分けられているとされ、採用されている保安装置と仕様が異なる車両は、その路線内を走ることができないから、いささかやっかいなようにも感じられる。

　たとえば、特急「サンライズ瀬戸」「サンライズ出雲」のように長い距離を走る列車は、すべての形のＡＴＳを搭載しなければならない。そこまで高度に発達しているのが、現代の鉄道である。

　最新のシステムとして、現在はＪＲ東日本の東北新幹線などで採用されているＤＳ－ＡＴＣ（Digital communication & control for Shinkansen-ATC」は、非常に細かく運転士の操作をバックアップし、運転士に必要とされるブレーキ操作は、列車が駅に到着して完全に停止する直前の、わずかな距離のみであるとされている。

　ヒューマンエラーが消え去るものではない以上、これらの保安機器も、さらに進歩を続けていくはずだ。

座席やレイアウト…インテリアデザインの違いは？

先述したとおり、国鉄時代の鉄道車両は、全国で同じものが使われてきた。わずかに北海道向けの車両が、冬の寒冷対策のため、窓の構造を二重窓にするなどの差があった程度で、全国規模での情報の共有を可能にし、車両の過不足が生じたときに現場同士でこれを融通《ゆうずう》し合うという方策をとることもできた。

このことから、国鉄時代には、車両の過不足が生じた場合、それを補《おぎな》うための移動が毎月行なわれ、それは国鉄という大所帯ならではの強みともなっていたのである。

そんな国鉄時代のエピソードも、いまは昔のこととなり、北海道の車両が九州へ移動するというような例はほとんどなくなったが、ＪＲ発足後は、車両のデザインについても各社がオリジナリティを競い合うようになった。ここでは、ＪＲ各社間のインテリアデザインの相違について考えてみよう。

ＪＲ北海道の車両は、なんといっても寒冷対策が明確だ。津軽海峡が生態系のうえでも明確な境界となっているように、北海道の気候は本州以南とは異なり、とくに冬の厳しさは別格である。そのことから車両の出入り口付近にデッキが設けられる車両が多く、７２１系のように３扉車の中央扉にもデッキを設けるというスタイルも、北海道ならではだ。

けれども、ラッシュ時の乗降をスムーズにし、定員数を稼ぐうえでも不利だからということなのか、７２１系の次に登場した同じ近郊形の７３１系ではデッキを廃止し、扉の上部にエアカーテンを設置することによって外気の侵入を抑える方策がとられている。

また、床下に付着した氷が走行中に落下して線路のバラストを跳《は》ね上げ、車両の窓を傷つけるという事故が起こったことから、高速走行をする車両については、側窓を透明の樹脂で覆《おお》って保護するという方策もとられている。これは、直接的にはインテリアとは無関係ではあるが寒冷対策のひとつといえるだろう。

ＪＲ東日本の車両は、やはり大量輸送を求められる傾向が強く、通勤形、近郊形の範疇《はんちゅう》に含まれる車両は、大量増備されることが多い。そうなると、車両デザインが画一化することになるが、それを防ぐために、細部の配色を地域ごとに変えて地域密着を謳う例が増えている。

たとえば、２０２１（令和３）年３月から営業運転を開始したＥ１３１系では、製造時からその車両の使用線区ごとに、シート表地の配色や、車両前面のカラーリングを変えている。

車両のカラーリングを地域ごとに変えるやり方は、国鉄の末期に積極的に行なわれるようになった方策で、当時は車体の色を変えることが流行していたが、今日ではそれがさらに細分化され、インテリアについてもカラーリングの変化が生まれるようになったということになる。

ＪＲ東海の車両は、効率化の推進が際立《きわだ》っている。いかにも東海道新幹線を運営し、在来線の保有は思いの外少ない会社らしい方策だ。２０２２（令和４）年３月に国鉄から継承された

２１１系が廃車となったことから、自社の車両はすべてＪＲ発足後に製作された車両となり、これはＪＲ６社で初となった。そのような経緯から、インテリアデザインについても画一化が推進されているのが特徴といえるだろう。

ＪＲ西日本の車両は、高品位なデザインを持ち味としている。かつては、通勤形車両は利用者に効率化を感じさせるものが好ましいとされ、主にグレー系の色が用いられることが多かったが、ＪＲ西日本はこの方向を見直し、近郊形、通勤形の車両においても、ブラウン系の落ち着いた配色を用いることが多くなった。

これは、首都圏ほどの極端な人口集中のない関西圏のアドバンテージが活かされたかたちだが、同時に競合する私鉄路線との競争を意識したものでもあるだろう。

ＪＲ四国の車両は１０００形、７０００系などで、ロングシートとクロスシートを互い違い（千鳥状）に配置するなど、従来の鉄道車両のイメージにとらわれないデザインをいち早く採用。これが成果を示し、既存のスタイルにとらわれず、実用に徹したデザインを採用する車両が増え、この方式は他社の鉄道車両にも影響を与えている。

ＪＲ九州は水戸岡デザインの独壇場《どくだんじょう》というイメージだ。遊び心の感じられるロゴの掲出や、つり革の配置などに実用面よりもデザインの可能性を感じさせるものが多く、このスタイルが今後どのように進化していくかが注目される。赤などの原色を用いたカラーリングの例が多いのも、ＪＲ九州の車両の特徴だ。

もっとも多くの車両を保有する会社は？

ここではまず、ＪＲを除く私鉄の話から始めよう。現在、日本でもっとも大きな規模を誇る私鉄は、近畿日本鉄道である。路線の総延長（営業キロ）は５００㎞を超え、大阪、京都、名古屋などをターミナルとして運転される特急の本数も群を抜く。

けれども、保有する車両の数はといえば近鉄が最多ではなく、東京地下鉄（東京メトロ）が国内最多となる。都心を走る地下鉄は、どの列車も長編成であることを考えれば、この数字にも納得がいく。２０２２（令和４）年４月１日現在の東京メトロの保有車両数は２７３６両となっている。このように、車両の数がすなわち経営規模とはならないのだが、ここでは経営の規模を探るひとつの目安として、ＪＲ各社が保有する営業用車両（機関車、電車、気動車、客車）の数を比較してみたい。

２０２２年４月１日現在でのデータでは、ＪＲ北海道は９９３両、ＪＲ東日本は１万２４２７両、ＪＲ東海は３４４５両、ＪＲ西日本は６３２４両、ＪＲ四国は４１０両、ＪＲ九州は１６３９両という陣容になっている。このほかに貨車、事業用車があるが、その数は多くない。貨物輸送に使用する貨車は、現在はその多くが鉄道会社ではなく、荷主が所有するものが多いためである。

並んだ数字を見る限りでは、**ＪＲ東日本**の規模が圧倒的である。これはなんといっても首都圏の輸送に使用される電車の数が多いことと、営業範囲が青森から関東までと広範で、運転に必要な車両の数もいきおい多くなっていることによると見える。

逆に車両数最小は**ＪＲ四国**。人口過《か》疎《そ》地帯に多くの路線を延ばしているのは**ＪＲ北海道**だが、保有する車両の数はＪＲ四国の倍以上で、これは北海道と四国の面積の大きさがそのまま反映しているといえそうだ。**ＪＲ東海**は新幹線の距離が短く、在来線も長くはないことから車両数は思いの外少なく、**ＪＲ九州**がイメージよりも多いのは、北九州圏での通勤輸送の需要が大きいことを示すものだろう。

興味深いのは**ＪＲ東海**の車両の内訳《うちわけ》で、現在同社が保有する機関車は1両もなく、新幹線電車の保有数２１８３両が全保有車両数の３分の２に迫る両数となっている。朝夕の輸送需要の大きい時間帯には、16両編成の電車が数分間隔で走る東海道新幹線の運行には、これだけの車両数が必要ということなのだろう。

ＪＲ東海に機関車が1両もない（したがって、機関車を運転できる運転士も在籍しない）ことから、仮に東京から大阪まで客車列車を運転しようにも難しいのが現代の日本の鉄道で、もし走らせるとなれば、関東から北陸を経由して関西へ、ということになる。北陸ではＪＲ東日本とＪＲ西日本の線路が接続しているからだ。ただし、在来線は途中に第三セクター鉄道区間があるので、これも簡単にはいきそうにない。

遥《はる》か昔には長距離を走る列車は客車を用いるのが常で、だから東海道新幹線の建設が計画されたときも、電車列車が客車列車にひけをとらない居住性を有していることが必須とされた。電車は騒音、振動が大きく、長時間の乗車には適さないというのが、昭和20年代半《なか》ばまでの、国鉄内部での常識とされていたのである。

それは１９５０（昭和25）年3月1日に運転が開始された「湘南電車」や、１９５８（昭和33）年11月1日に運転が開始された特急「こだま」の成功で覆《くつがえ》され、東海道新幹線へと昇華される。今日の電車隆盛の時代は、これら電車列車の成功によって招かれたものといえるだろう。

一方の客車については、現在はＪＲ北海道が17両、ＪＲ東日本が46両、ＪＲ東海が0両、ＪＲ西日本が23両、ＪＲ九州が11両という保有数となっており、これは絶滅危惧種《きぐしゅ》を思わせる数値となっている。

それはもちろん当然のことで、かつて全国を走り、「ブルートレイン」という愛称で親しまれた夜行寝台特急はいまはなく、残る夜行寝台特急「サンライズ瀬戸」「サンライズ出雲」の使用車両は電車である。残された客車は臨時列車、それも動態《どうたい》保存された蒸気機関車の運転用として使用されるのがほとんどというのが現状だ。

いまは客車という車両の構造でさえ、鉄道に興味のない人には説明が難しくなっている。現代はまさに「電車の時代」なのである。

2章

北海道 東日本 東海 西日本 四国 九州の列車運行を比較する

もっとも多くの列車を運転する会社は？

　ＪＲ各社の列車運転本数を比較してみよう。現在のＪＲ各社の１日あたりの列車運転本数は、臨時列車などもあって単純な算出は難しいが、ＪＲ各社がホームページで公表している数字によれば、最多となっているＪＲ東日本が１万２０１７本、最小となっているＪＲ四国が９４２本である。

　やはり**ＪＲ東日本**の数値が圧倒的で、首都圏の輸送需要の大きさがうかがえる数字となっている。１８７２（明治５）年10月14日に新橋〜横浜間で鉄道が開業し、翌日から運転された列車は１日９往復だったから、日本の鉄道は１５０年という時を経て、ここまで発達したということになる。

　もっとも、この3年間のコロナ禍《か》と、それにともなうテレワークの普及、さらには長引く不況による輸送需要の低迷や、航空機、乗用車など競合交通機関の発達などによって、鉄道の輸送需要がかつてのような右肩上がりでなくなっているのは淋《さび》しいところで、これからの鉄道事業者は、減量経営を続けるなかで結果を出していくことが求められるようになるだろう。

　殊《こと》に地方閑散《かんさん》線区においては、これまでのようにただ決められた数の列車を動かし続けるだけでなく、鉄道事業者自身の手で新たな輸送需要を作り出していく工夫が求められるはずだ。

要は前向きの姿勢、活気ある状況を創出することである。誰もいない駅から、数時間に1本の誰も乗っていない列車に乗ることを楽しく思う利用客が、果たしてどれだけいるだろうか。先に挙げたJR2社の列車運転本数は、ほとんどが通勤輸送の列車であることは想像に難《かた》くない。また、**JR東海**についていえば、運転されている列車のうちの多くが東海道新幹線の列車だから、運転本数に比較して、多くの利用客を運んでいることになる。

ちなみに、現在の1日あたりの東海道新幹線の列車運転本数はおよそ300本。1列車あたりの定員はおよそ1300人だから、仮にすべての列車が定員の乗客を乗せて走るとすると、1日に39万人の人が東京〜大阪間を移動していることになる。

現代の鉄道の、かつての姿との大きな違いとなってしまっているのが、長距離の旅行には不可欠の存在とされていた夜行列車、寝台列車が、輸送需要の低迷によってほぼ淘汰《とうた》されてしまったことだ。現在運転されている定期の寝台列車は「サンライズ瀬戸」「サンライズ出雲」の1往復のみとなっている。臨時列車としては、**JR西日本**が在来の117系電車を改造して臨時特急「WEST EXPRESS 銀河」を運転しているが、今後の動向はまだ不鮮明な部分も多い。

長距離を走る昼行特急についても、かつての隆盛《りゆうせい》はない。これはJR全体の傾向であり、輸送の主役となっているのは新幹線で、特急列車はこれと接続し、地方都市と地方都市を結ぶというのが主な役割となっている。

その意味では、**JR北海道**の特急には、かつてと変わらない役割が課せられているともいえ、

JR最後の急行列車となった「はまなす」

北海道を走る特急には、昔と変わらない比較的長編成の列車が多く残っていることも特徴的である。

また、国鉄時代には特急を補完する列車として全国を走っていた急行列車も、いまはない。最後まで残っていた青森〜札幌間の夜行急行「はまなす」にしても、これを案内する駅の職員が、「特急はまなす」と間違えてアナウンスしていたほどで、若い職員にとっても、急行列車というのは馴染《なじ》みのない存在となっていたのだろう。

それとは逆に、列車に乗ることそのものを目的として運転される列車も登場している。そのひとつが、**ＪＲ九州**が運転している「ななつ星in九州」などの、クルーズトレインと呼ばれる列車であり、高い倍率の抽選を勝ち抜いて指定券を入手しなければならず、料金も相応《そうおう》のものとなっているが、高い人気が続いている。

さらに、「グルメ列車」と総称される、列車内で食事を楽しむことを目的に運転される列車も各地に登場し、それぞれさまざまな趣向が凝《こ》らされている。そのほとんどの列車が、地産地《ちさんち》消《しょう》の食材を提供していることが特徴で、多くの人が肥《こ》えた舌を持つようになった現代という時代が反映されているようだ。

「グルメ列車」は、工夫次第で、大きな予算をかけずとも集客が期待できる列車として、近年に数が増えている。この傾向は、まだしばらくは続きそうな気配である。

各社イチ推しの「看板列車」は？(1)

国鉄が健在だった時代、全国鉄を代表する列車は、長距離を走る特急列車だった。新幹線が開業する以前の東海道本線の主役は、客車を使って運転された「つばめ」「はと」であり、「ビジネス特急」という呼び名でも親しまれた「こだま」だった。

特急「こだま」は初めて電車による東京～大阪間の日帰りを可能にしたことで注目されたが、実際にこの列車で東京と大阪を往復するとなると、東京なり、大阪なりでの滞在時間はわずか2時間に過ぎず、これでは本当の仕事はできない。いつしかこの列車には「行ってすぐ帰ってくる」という意味で「焼香《しょうこう》列車」というあだ名もつけられたが、それでも当時のビジネスマンの憧れの的《まと》であった。

この列車には当初、それまでの特急列車を象徴する存在とされていた食堂車の代わりに軽食堂のビュッフェが連結され、カウンター席で楽しむ立ち飲みのコーヒーがトレンドとなった。すべての鉄道を代表して運転される列車には、それが時代の先端をいく列車であることを示す先端の技術と、ライフスタイルへの提案がある。

現代のＪＲの看板列車を見てみよう。ＪＲグループでもっとも大きな規模を誇っている**ＪＲ東日本**には、さまざまな魅力ある列車が運転されているが、名実ともにナンバーワンということになれば、３２０㎞／ｈ運転を実施している東北新幹線「はやぶさ」だろうか。

同じ速度での運転ということであれば、「はやぶさ」に併結される秋田新幹線「こまち」でも可ということになるが、Ｅ５系の下り寄りの先頭となる10号車は「グランクラス」と名付けられ、グリーン車よりも１クラス上の居住性、サービスが提供されている。室内には大型のバケットシートが並び、定員は18名。目的地までの時間を、ホテルのロビーにいる感覚で過ごすことができる。

また、普通車であれば、「こまち」のＥ６系も評判がよい。在来線の田沢湖《たざわこ》線に直通運転をするＥ６系は車体が小ぶりであることから、普通車のシート配置は２－２の１列４人がけとなっており、新幹線で一般的に使用されている３－２の配置よりもゆったりとした印象がある。

新幹線電車の「グランクラス」は、北陸新幹線で運転されているＥ７系、Ｗ７系にも連結されており、こちらも好評で、東京～北陸間を往復するビジネスパーソン御用達《ごようたし》の設備となっている。

ＪＲ北海道では、札幌、函館などを起点にして何本もの特急列車が運転されている。稚内《わっかない》方面に向かう「宗谷」「サロベツ」、網走《あばしり》方面に向かう「大雪」「オホーツク」、釧路方面に向かう「おおぞら」など、どの列車からも車窓に広がる雄大な風景が楽しめ、これこそが北海道の鉄道の魅力だろう。

また、車窓風景を楽しむというのであれば、富良野《ふらの》線、釧網《せんもう》本線などで運転される「ノロッコ号」も楽しい。この列車はトロッコ車両を使用して運転されるので、「窓」のない車両もあるが、開放感は抜群だ。

一方、札幌近郊の列車は、新千歳空港と札幌を結ぶ快速列車「エアポート」など、どれも俊足を持ち味としている。現在は新函館北斗止まりとなっている北海道新幹線が札幌まで延ばさ

東北新幹線を走る「はやぶさ」

「グランクラス」の車内

JR北海道の特急「大雪」

れたときに、北海道の列車運転網は大きく姿を変えることになりそうだ。その意味では、函館～札幌間に運転される列車も、いまのうちに乗っておきたい。

ＪＲ東海は、「列車の速達化が最大のサービス」であることを掲《かか》げている。その意味では毎日数多く運転されている東海道新幹線の「のぞみ」こそが看板列車ということになるが、ビジネスライクにデザインされた「のぞみ」に、2階建て車両が4両連結されていた「グランドひかり」のような豪華さがないことは淋しいところである。

釧網本線を走る「くしろ湿原ノロッコ号」

新千歳空港と札幌・小樽を結ぶ快速「エアポート」

東海道新幹線を走る「のぞみ」

そんなＪＲ東海にも在来線を走る特急はあって、高山本線、紀勢《きせい》本線、飯田線、身延《みのぶ》線などを走る。どれも眺めのよい路線なので、車内で過ごす時間を退屈することはないはずだ。ＪＲ東海は、ＪＲ６社のなかでも一番早く、国鉄から継承された車両の代替《だいたい》を果たした会社で、現在は在来線を走る列車のほとんどが、ステンレスなどを採用して造られた軽量の車両で運転されている。

そんなスマートさこそが、ＪＲ東海の持ち味で、列車の運転方法も、都市間を短時間で連絡する効率のよいスタイルがとられている。

各社イチ推しの「看板列車」は？(2)

お隣のＪＲ東海が車種の統一を積極的に推進したのに対し、いまもじつに数多くの車種を保有しているのが**ＪＲ西日本**の特徴となっている。

マニアックではあるが、１０３系、１１３系、１１５系、３７１系、キハ40系など、国鉄から継承された車両をいまも運転する「物持ちのよさ」がＪＲ西日本で、これらの車両は、これから徐々に交替期を迎えることになるが、「お別れ運転」が行なわれる都度《つど》に、多くのファンを集めることになるだろう。そう考えれば、国鉄形車両もＪＲ西日本の看板のひとつということになるだろうか。

特急列車の運転も多い。かつては関西圏から北陸方面への特急が数多く運転され、北陸本線が「特急街道」と呼ばれた時代もあった。それは主に北陸地方に多い温泉へ向かう観光客を運ぶもので、いまも同様の列車が運転されている。

特別な豪華さをひけらかすことはなくとも、乗客を満足させる高品位なデザインを採用しているのがＪＲ西日本の車両の特徴で、特急「サンダーバード」などに使用されている６８１系・６８３系、特急「はるか」に使用されている２７１系・２８１系の白い車体は、いまやＪＲ西

特急「サンダーバード」の主力車両683系

2020年に運用が開始された271系

関空アクセス特急「はるか」の主力車両281系

日本の特急車両のイメージとして、すっかり定着した感がある。

大阪、京都、神戸を中心に運転されている「新快速」も、ＪＲ西日本の看板列車に数えてよいだろう。「新快速」が運転を開始したのは１９７０（昭和45）年10月1日だから、もう50年以上の歴史がある。都市間を連絡するビジネスユースの列車でありながら、特急にも負けない居住性と俊足は、関西以外に住む人の憧れの的だ。

ＪＲ四国では、特急列車に振り子式車両を積極的に投入。１９８９（平成元）年から運転を開始した２０００系の成功が、全国的な振り子車両ブームを起こした。

それまで、振り子式車両は独特の揺れ方をすることから乗り物酔いを起こさせるという指摘があったが、あらかじめ車両に搭載したコンピュータに線形を記憶させ、そのアシストによって揺れを抑えた制御付き振り子式システムが、またたくまにトレンドとなったのである。

運行距離の短いＪＲ四国だけに、ＪＲ北海道の特急のような長編成での運転が少ないことが惜しまれるが、２０００系、あるいは予讃《よさん》線の特急に投入された７０００系は、このシステムを活《い》かして曲線の多い路線でもスピードを落とすことなく走り、都市間の速達化に貢献している。

もうひとつ、予土《よど》線で運転されているキハ32形3号「鉄道ホビートレイン」にも触《ふ》れておきたい。

キハ32形は国鉄時代に製作されたローカル線用の気動車で、四国島内で21両が運転されてい

キハ32形気動車

キハ32形を改造した「鉄道ホビートレイン」

るが、そのうちの3号は改造工事を受けて2014（平成26）年3月15日から新しい姿での運転が開始された。改造工事によって、この車両の片方の先頭部は初代新幹線電車として活躍した0系を模《も》したものとなり、新幹線のない四国を走る新幹線だと話題になったのである。

　もちろん、外観が0系を思わせるものに変わっても、車両の性能は改造前から変わらず、その足取りは速くはない。エンジン音を高らかに奏《かな》でながら、しかし四国西部の山中をゆっくりと走る姿はコミカルでもあるが、そこにこの車両の楽しさがあり、大いに注目された。東京、大阪からは簡単には到達することができない予土線ではあるが、現地を訪れることがあったなら、ぜひ一度乗ってみたい、乗って損のない車両となっている。

　JR九州の車両は、水戸岡鋭治氏をデザイナーに起用したことで、国鉄時代からのイメージを一掃《いっそう》した。水戸岡氏は「テーマパークのイメージを鉄道車両で表現したい」という旨《むね》を述べており、その言葉どおり、現在のＪＲ九州にはデザインに遊び心が感じられる車両がラインナップされている。

水戸岡デザインの頂点とでも呼ぶべき存在は、やはり「ななつ星in九州」だろう。九州島内をめぐるツアーとしてのみ運転されるこの列車は、現代版の「オリエント急行」といったところで、車内もアールデコ様式を思わせる豪華なものとなっている。

そのほか、７８７系、８８５系といった特急用車両も、水戸岡デザインによって、従来の鉄道車両のものとはまったく異なる姿で生まれ、通勤用として運転される電車も、斬新《ざんしん》なフォルム、色使いを採用している。そのバラエティ豊かな出《い》で立ちが、九州の鉄道に活気を生み出している。

普通列車の姿が、国鉄時代から一変したのはなぜ？

新幹線、あるいはＪＲ各社を代表する特急列車と同じように、通勤・通学に利用され、地域の足となっている普通列車も、近年は急速に変貌を遂《と》げている。

かつての普通列車は、「鈍行《どんこう》列車」という形容もあったように、足が遅いことが共通の特徴となっていた。とくに地方で普通列車に使用される車両は、すでにどこかで使用された中古車両であることが多く、当然、性能も最新型の車両に劣《おと》っていた。

また、主要幹線では途中駅での優等列車の待避《たいひ》があり、列車が駅で止まっている時間が長いこと、線路施設も旧態依然としたものが多く、それが普通列車の高速運転を妨《さまた》げてもいた。

しかし、今日の普通列車は、かつての「鈍行列車」の姿からは想像ができないほど、スマートで、スピーディなものへと姿を変えている。

それは多くの特急列車が新幹線にその役割を譲ったことで地方幹線から姿を消し、その結果として普通列車の待避もなくなったこと、車両の性能が向上し、車両軽量化の恩恵もあって、とくに加速性能が向上したこと、線路施設も近代化が進められた結果、高速運転と無駄のないダイヤ設定ができることなどによっている。その結果として、普通列車の性格も、昔とは大きく変わっているのが現代の鉄道なのだ。

普通列車の速達化は著《いちじる》しく、**JR東海**が自社車両にステンレス車体の採用を強力に推進しているように、ローカル線においても新型車両がいち早く投入されるのが現代のスタイルで、地方に行けば昔懐かしい車両に会うことができるというイメージは過去のものとなった。

そして地方都市でも列車の頻繁《ひんぱん》運転が実施されるようになった代わりに、列車の編成が短くなっており、思わぬ時間帯、思わぬ場所で満員の電車に乗らなければならないこともある。

ダイヤの効率化が進められたことによって、東海道本線でさえ、浜松～豊橋間や大垣～米原《まいばら》間などで、日中時間帯に列車の運転本数が大きく削減されている箇所があり、いまや東海道本線でさえ、「並行在来線」という趣《おもむき》を呈《てい》している。普通列車だけで長距離を移動する際には、前もって乗り継ぎの確認をすることが必須だ。

その一方で、朝夕の通勤にも、特別な料金を払うことで座席を確保し、ゆったりと座って自宅と職場を往復するというスタイルも現代のトレンドとなっている。これはノートパソコンやスマートフォンの普及によって、限られた時間、限られたスペースでも、仕事をすることが可能になったという環境の変化も大きく寄与している。

ＪＲ東日本管内では、古い時代から東海道本線東京口を走る中距離電車のほとんどにグリーン車が連結され、これが現代のトレンドである「有料着席」のはしりともいえる存在になってきた。この背景には、首都圏にはやはり多くの企業、それも本社機能を備えるものが多かったことと、人口集中による混雑度の高さがあり、多くの人が通勤時においてもよりよい環境を望んだ結果であった。

もちろん、今日においてもこの傾向は持続しており、かつてはグリーン車とは無縁かとも思われた常磐《じょうばん》線の中距離電車などにもグリーン車が連結され、私鉄でも、通勤輸送オンリーの感が強かった東急電鉄でさえも、「有料着席」のための列車が設定されるようになった。時代は確実に変化している。

同じ意匠《いしょう》の列車は**ＪＲ西日本**でも運転されており、神戸線、京都線、琵琶湖線を走る12両編成の列車のうちの1両を「Ａシート」として、５００円の追加料金を支払うことで座席が確保できる。

現状では小回りの利《き》いたサービスの実施を得意とする私鉄各社に設定が多い「有料着席列車」だが、今後のニーズ、社会環境の変化によっては、地方の都市圏でも同様の列車が設定される可能性は高い。並行する私鉄が始めたサービスを、ＪＲでも採用せざるを得なくなるという図式も、これまで幾度《いくど》となくくり返されてきた。

まだクーラーが贅沢品《ぜいたくひん》とされていた時代には、鉄道の世界でもクーラーを搭載した車両は特急専用車など、ごく限られた存在となっていた。しかし、今日においては、空調装置の搭載は鉄道車両に必須の設備となり、設計段階からこれを見越して側窓を固定式とする車両も増えている。普通列車の姿は、これからも変わり続けていくはずだ。

競合する高速バスや航空機への対抗策は？

いま、公共交通機関を使用して都市間を移動するのであれば、その選択肢は鉄道、航空機、高速バスの３択となる。そして選択の決め手となるのは「より速く、より安い」ということになるかもしれない。

ＪＲ各社が発足した１９８７（昭和62）年の時点で、この３つの交通機関の大雑把《おおざっぱ》な状況を振り返ってみると、新幹線は東海道・山陽全線と、東北新幹線上野～盛岡間、上越新幹線上野～新潟間が開通したのみ。航空機は主要空港こそほぼ整備されていたものの、スカイマークなどの低価格キャリアもＬＣＣもなく、運賃は高止まり状態。高速道路は東北自動車道がようやく全線開通間近という段階だった。

つまり、鉄道で「より速く」という条件を満《み》たす区間は限られており、航空機で「より安く」移動することは叶《かな》わず、バスは一般道を長く走らざるを得なかったことから「安いが乗り心地《ごこち》も悪く、渋滞に巻き込まれるといつ着くかわからない」状態だった。つまり、新幹線で直通できない都市への移動は、「バスより速く」「航空機より安い」在来線の特急や夜行列車が、有力な選択肢になっていたのである。

ところが、１９９４（平成６）年の航空法改正によって、航空運賃が段階的に引き下げられ、需要に応じて価格が変動する「ダイナミック・プライシング」が導入されると、一部区間で航空機選択の足かせだった「より安く」が実現する。さらに、北陸自動車道が全通した１９８８（昭和63）年以降の枝葉部分の高速道路拡充によって、バスのスピードアップと定時運行確保が可能となり、バスの「より速く」も現実化した。

この時代の鉄道は、山形・秋田両ミニ新幹線の完成で「少し速く」到達できるエリアは増えたものの、運賃は国鉄時代に再三値上げをくり返したままの高止まりで推移し、「より安く」は実現せず、競争力を失い始めていた。

それでも、１９９７（平成９）年10月１日に当初は山形新幹線などと同様のミニ新幹線方式で建設されるはずだった長野行新幹線（現・北陸新幹線）がフル規格で開業したのを皮切りに、

２００２（平成14）年12月1日には東北新幹線が八戸まで、２００４（平成16）年3月13日には九州新幹線新八代《しんやつしろ》〜鹿児島中央間が、そして２０１０（平成22）年12月4日に東北新幹線が新青森まで全通。

さらに翌年には、九州新幹線が博多まで全通し、これで青森から鹿児島までの新幹線ネットワークが完成し、沿線主要都市間の所要時間が在来線特急時代と比べて半分以下になり、「より速く」が多くの区間で実現した。

現在の日本の鉄道の基幹となっている新幹線のネットワークは、こうして１９９０年代の終わりから２０００年代の初めにかけて完成し、それは、ＪＲ各社が新幹線を保有する時代が訪れたことを意味したのである。

しかし、この時代には航空機運賃の低廉化《ていれんか》がすっかり利用者に認知されるようになり、自動車道の整備もさらに進んで、多くのバス会社が長距離バスの運行に参入する。そうなると、鉄道の立ち位置は安泰なものとはならなくなった。

青森に在住する人のなかには、新青森駅までのアクセスよりも青森空港へのアクセスが有利という理由から、鉄道よりも飛行機を移動手段に選ぶ人が増え、長距離バスのけた違いともいえる料金の安さは、とくに若年層にとっては魅力的な材料となった。数字だけを比較するならば、まだ最上位になるのが鉄道であるというのは間違いのないところだが、けっして安穏《あんのん》とはしていられないのが現状である。

もちろん、JRもこの状況にただ甘んじているというわけではない。企画商品というかたちで、宿泊施設などの利用とセットにしたリーズナブルな料金のきっぷを発売し、顧客の開発に努めているが、「スピードの飛行機」「安さの長距離バス」という競合交通機関の前では、イメージ的にはやや旗色《はたいろ》が悪いというのが現状であるようにも見受けられる。

もしも、鉄道がかつてのような輸送の主役に返り咲きたいと願っているのであれば、その特徴を最大限に活かした、これまでになかったほど斬新な乗車券を発売してもよい時期が来ているのかもしれない。

あるいはJR各社が、会社間の壁を取り払い、相互直通運転列車の増発や、全国一律での共同企画きっぷの発売。そんな魅力的な「商材」の登場にも期待したい。

各社で「特急」が減り、「快速」が増えた事情とは？

JR各社の運転体系の基幹となっているのが、全国にネットワークを広げた新幹線と、これに接続する特急列車であることは間違いのないところである。

1964（昭和39）年10月1日に東海道新幹線が開業し、九州行の寝台特急に新大阪発着の列車が設定されて、本州からは遠隔の地にある南九州への有効なチャンネルとなった。東京からではなく、新大阪から寝台列車に乗れば、鹿児島にも翌朝の早い時間に到着できるようになったのである。

1972（昭和47）年3月15日に山陽新幹線が岡山まで開業すると、多くの昼行特急が岡山発着となった。かつての東海道の花形であった「つばめ」を名乗る列車が岡山発着の短距離のみを走る特急に姿を変えたことを嘆《なげ》くファンは多かったが、岡山まで新幹線で走り、そこから特急に乗り継ぐことによって、四国、九州、山陰方面への速達化が実現したのである。

同様の事象は山陽新幹線の博多延伸開業でも起こり、新幹線の延伸がその都度、日本の鉄道地図を塗り替えていった。

その一方で、新幹線と並行する在来線からは優等列車が削減され、今日では東海道本線でさえ、地方ローカル線とさして変わらない運転方式が採用されている区間が多い。普通列車のみを乗り継いで東京～大阪間を走破《そうは》しようとすると、浜松～豊橋間、大垣付近などがネックになる。列車の運転本数が限られているのである。これは利用者数が少ないための措置《そち》で、もとより鉄道利用で長距離を移動しようとするなら新幹線の利用が大前提となるのだから、致し方ない話でもある。

だが、特別な料金を必要としない「快速」列車が、あちらこちらに登場して幅を利《き》かせるようになった。時には、この列車に本来の用途を離れた特急形車両が充当されることもあるから、運用に気がつけば、じつにお得な乗り物となる。

試しにいま、上野を朝6時に出発すると、ダイヤの細かな変更はあるにしても、福島には11

時半頃に、仙台には13時過ぎに到着することができる。仙台まで7時間列車に乗りっぱなしという行程は（途中に数回の乗り継ぎによる待ち時間があるが）、人によっては大きな苦痛となるかもしれないが、新幹線開通前の東北本線では、同じ上野～仙台間を485系特急「ひばり」がおおむね所要4時間15分で走っていたから、その差は意外と小さい。

つまり、現代の普通列車でも、昔の特急列車より1時間早く出発するだけで、仙台への到着は昔の特急列車より2時間弱遅くなるぐらいということになり、昔の特急はそんなに遅かったのだろうかという疑問が生じてしまうほどだ。現代の普通列車が速いのである。

同様の例はJR各社に見ることができるが、その一方で、普通列車の運転速度は速くとも、乗り継ぎが非常に不便になっていることがあるのが、現代の鉄道でもある。

これはもちろん、在来線においても、普通列車を乗り継いで長い距離を移動することを前提とはしていないダイヤが組まれているためで、普通列車で行ける所まで行ったら、その先に進む列車はその5分前に発車していたという悲劇を、鉄道旅行を何度もした人であれば、きっと何回かは経験しているはずだ。

新幹線がない四国などでは、普通列車が途中で何度も特急に追い抜かれることもあり、列車のスピードが台無しになってしまうこともあるから、事前にダイヤは十分に確認しておきたい。スマホで適当に検索をかけて、行き当たりばったりで列車に乗ると、思わぬ痛い目にあう。

長い距離を普通列車の乗り継ぎで移動するときの注意点をもうひとつ。事前にトイレの有無を確認しておくことだ。短距離のみの乗車を前提に設計されている現代の電車には、トイレが装備されていないものも多く、うっかりすると、途中駅での「臨時下車」を余儀《よぎ》なくされることもある。

そうすると、せっかく編み出した乗り継ぎの行程が根底から崩壊してしまう。ここの部分も慎重に考えておきたい。

最長距離の普通列車を走らせる会社は？

ＪＲから長距離を走る普通列車がなくなったのは、なにも新幹線と並行する路線だけではない。山陰本線などの長大な路線においても同様で、長距離の移動には乗り継ぎが必須となる。

昭和の末期まで長距離を走る普通列車が多数運転されていたのが、この山陰本線で、「日本一の長距離鈍行」として名を馳《は》せた門司発福知山行８２４列車は、全線をおよそ18時間30分かけて走った。

もちろん、この列車を乗り通そうとするのは完乗を目的とした鉄道ファンのみである。８２４列車は、山陰本線西部の朝の通勤列車と、中部の閑散時間帯を走る列車と、東部の夕方の通勤列車と、深夜帯を走る列車を１本で兼ねていたのだ。

現代の山陰本線は一部区間が電化されているから、このような長距離列車の運転は効率的ではなく、速度の遅い列車を運転しても競合交通機関との競争に勝てない。これは全国共通のＪＲの悩みでもある。

日本の鉄道において、現在「本線」を名乗る路線は、その多くが明治末期までに建設された。明治政府が全国の鉄道の建設を急いだのである。それは統治の力を強め、地方における不満分子の発生を防ぐ目的も兼ねていた。

いきおい、鉄道は当時の土木技術で建設が可能な場所に敷設《ふせつ》されたから、現代のような長大なトンネルを掘削《くっさく》することができず、峠越えでは線路は長い迂回路《うかいろ》を辿《たど》った。当然、列車の所要時間も長くなった。

しかし、技術が発達した今日において、新たに建設される高速道路は長大なトンネルを掘削することを厭《いと》わず、拠点間を最短距離で結ぶ。この結果として、鉄道はいよいよ遅い乗り物となってしまったのである。

２０２２（令和４）年12月現在で、ＪＲが運転する最長距離を走る普通列車は、**ＪＲ西日本**が運転している敦賀《つるが》発播州《ばんしゅう》赤穂《あこう》行の新快速列車となっている。所要４時間６分。山陰本線８２４列車の所要18時間30分とは比べようもないが、これが21世紀の鉄道の姿でもある。

もっとも、これには伏線もあって、かつては**ＪＲ北海道**が運行する滝川発釧路行２４２７Ｄが「最長鈍行」となっていた時代があった。走行距離３０８・４km、所要８時間21分。これであれば日本最長を名乗るにふさわしい。しかし、２０１６（平成28）年８月から９月にかけて日本を襲った台風10号による被害で、根室本線富良野〜芽室《めむろ》間が不通となり、この列車の記録も失われてしまった。

これに代わって最長鈍行に挙げられたのが、岡山発下関行の普通列車だったが、この列車もダイヤ改正を経るごとに運転区間が縮小され、現在に至っている。もちろん、普通列車が長い距離を走り通すことに格別な意味合いは備わっていないが、鉄道での長い距離の移動に何かと制約が多い今日の姿には、古き良き時代の鉄道との大きな違いが感じられる。

ＪＲの普通列車の近年の傾向には、編成の短縮を挙げることもできる。これは、１９８２（昭和57）年11月のダイヤ改正で実施された広島地区での運転方式の成功が大きな契機になったとされる。

「広島シティ電車」の愛称名も新たに用いられて実施されたこの運転方式の変更は、それまでの国鉄電車の運転スタイルを１８０度変更し、編成を短編成として、日中はほぼ15分間隔という頻繁《ひんぱん》運転を実施したのである。当時は地方都市における頻繁運転の実施を過剰供給と見る向きもあったというが、運転開始後の「広島シティ電車」は、利用客を増加させる好結果を招き、営業成績も上々だった。

これで風向きが変わり、現在は、札幌、新潟、仙台、長野、静岡、金沢、富山、岡山、広島、高松、福岡で、同様の頻繁運転が行なわれている。首都圏、中京圏、関西圏での頻繁運転の実施は言わずもがなであるから、つまりＪＲ６社がいずれも、自社を代表する都市圏で頻繁運転を実施していることになる。

この代償としてＪＲの通勤形、近郊形と呼ばれる電車に、先頭車が不足するという事態が生じたが、これは中間車を先頭車に改造することで対処された。

もっとも、ここに掲げた長距離鈍行などの記録は、すぐにまた書き換えられてしまう可能性が高い。それはなにも路線の不通などといったアクシデントに起因するものではなく、輸送の効率化の推進によって、随時進められるものだからだ。けれどもそれは、鉄道が生きていることの何よりの証《あか》しなのだろう。

クルーズトレインの先駆けとなった会社は？

「クルーズトレイン」とは、乗ってどこかの目的地に向かって移動するための列車ではなく、乗ることそのものを楽しむために運転される列車のことだ。

もちろん、列車が走っていく先々で途中下車をして、名所をめぐったり、あるいはそれぞれの土地の味覚を楽しむこともできる。あるいは一切の途中下車をせずに、列車内に備えられた食堂車で車窓風景を楽しみながら、一級の料理を楽しむという趣向もある。いずれにしても、与えられた時間をゆっくりと楽しむ、エレガントな余暇の過ごし方となる。

その起源は古く、１８８３（明治16）年に運転が始められた「オリエント急行」がそのひとつとされ、パリとイスタンブールを結ぶこの列車は、途中、ミュンヘン、ザルツブルク、ウィーン、ブダペスト、ソフィアなどの著名な都市を経由して走った。

その行程は5泊6日ほどになるから、目的地へ直行するのとはまったく意味合いの異なる旅となる。この「オリエント急行」は、２００９（平成21）年12月に惜しまれながらも廃止されてしまうが、そのコンセプトを受け継いだ列車が、いまは世界各国で運転されている。

ＪＲ発足後の日本で、「クルーズトレイン」という趣向を明確に謳《うた》って運転が開始された初めての列車が**ＪＲ九州**の「ななつ星in九州」で、２０１３（平成25）年10月15日から九州島内をめぐる運転が開始された。

「ななつ星in九州」の運転ルートには1泊2日のコースと、3泊4日のコースが用意され、車両は現代の最高水準と考えられる贅《ぜい》を凝らした造りとなり、参加者は行く先々で、やはり贅を凝らした食事や、オプショナルツアーを楽しめる。

料金は3泊4日のコースで1人38万〜95万円という相応の価格が設定され、チケットの売れ行きが注目されたが、人気の高さは驚異的で、高い倍率の抽選に当選しなければ乗車できない状況が運転開始から10年近くが経過したいまも続いている。「ななつ星in九州」の贅沢な旅は、そろそろ人生の後半を迎えた人たちにとっての旧婚旅行、あるいはいま一度の卒業旅行に好適なものと捉えられたのかもしれない。

「ななつ星in九州」の成功にあやかるかのように、２０１７（平成29）年5月1日からは**ＪＲ**

東日本が「TRAIN SUITE 四季島」を、同年6月17日からは**ＪＲ西日本**が「TWILIGHT EXPRESS 瑞風《みずかぜ》」の運転を開始した。

この2本の列車も「ななつ星in九州」と同様のコンセプトを掲げた「クルーズトレイン」として運転を開始し、贅を凝らした車両の造りも同様で、前者は主に東日本と北海道を周回するコースを、後者は主に山陽・山陰を周回するコースを走り、やはり相応の価格設定と、驚異的とも形容したくなる高い人気も同様のものとなっている。こうして、「クルーズトレイン」は、

JR九州が運行する「ななつ星 in 九州」

JR東日本が運行する「TRAIN SUITE 四季島」

JR西日本が運行する「TWILIGHT EXPRESS 瑞風」

まさに市民権を得た列車となった。

日本の鉄道、とくに新幹線以外の鉄道が長い凋落《ちょうらく》の時期にあることは、多くの人が認めるところだろう。かつては鉄路の女王とでも呼ぶべき存在だった寝台列車は、ほぼすべてが廃止され、昼行特急にしても新幹線から地方都市への速達化を図る存在でしかなくなっている。

鉄道で長距離を移動しようとするならば新幹線を利用する以外の選択肢はなく、しかも新幹線の車両は食堂車などのスペシャリティを排除した、ビジネスライクな造りとなっている。それは列車をコミューター、単なる移動のための道具と捉えたスタイルである。

「クルーズトレイン」の高い人気は、ドライになり過ぎてしまった鉄道へのアンチテーゼ、古き良き時代の鉄道の旅を、いま一度追《つい》体験したい人の夢のツールと捉えられているのかもしれない。

これらの列車には熱心なリピーターもいるというが、やはりその数は微々《びび》たるものとなっているし、「クルーズトレイン」もこの人気がどこまで続くのかは不明である。あるいは車両の更新期が訪れたときに、次世代の「クルーズトレイン」が製作されることになるのか。それはまだまったく不明のままだ。

「クルーズトレイン」は確かに、多くの人の目を鉄道に向ける役割を果たした。願わくば、抽選を経ずとも誰もが自由に利用することができる豪華列車の登場を。それこそが、鉄道会社の矜持《きょうじ》、利用者に対しての恩返しであるように思われる。

ほぼ消滅の「寝台列車」をいまも走らせる会社は？

日本全国に新幹線の路線網が形成されていなかった時代の長距離旅行には、寝台列車、夜行列車が不可欠の存在となっていた。

この時代の航空機の料金はまだ割高なもので、自動車専用道の整備も進められていなかったことから、もしも遠くへ行こうと考えたなら鉄道を利用する以外に選択肢はなく、夜《よ》を徹して走る列車の利用は、効率の良い移動手段と捉えられていた。

この時代の寝台車に備えられたベッドの幅は狭く、乗客のプライバシーの確保も十分とはいえなかった。トイレ、洗面所は共用で、つまり、寝台車には今日のビジネスホテルなどとは比べようもない粗末な施設しか備わっていなかったのだが、当時の生活水準からすれば、それは当然のことと受けとめられていた。

そんな寝台列車、夜行列車は時代が２０００年代を迎えた頃には、次から次へと廃止されるようになり、最後まで残っていた札幌発着の寝台列車「北斗星」「トワイライトエクスプレス」も、２０１５（平成27）年３月には定期運行を終了し、いまも運転が続けられている寝台特急は、東京と出雲市・高松間を走る「サンライズ出雲」「サンライズ瀬戸」のみという状況である。

寝台列車の退潮は、言うまでもなく、国民の生活水準が大きく変化したことによっている。

国鉄の最晩年の時代まで運転されていた寝台列車にしても、利用者が同等の予算を用意すれば、航空機利用で目的地まで飛び、ビジネスホテルに宿泊することができた。

航空機の利用客が目的地のホテルにチェックインする時間に、航空機の離陸と同じ頃に始発駅を発車した寝台列車は、まだ全行程の中間地点を走っている計算になるから、これでは競争にならない。それでも料金の改定も、サービスの充実も行なおうとしなかった寝台列車が消滅するのは、自明《じめい》の理だったのである。

こうして、ほぼすべてが姿を消してしまった寝台列車だが、利用者のあいだから、この復活を望む声が挙がるようになった。確かに、列車が航空機の最終便よりも遅く発車し、航空機の初発便よりも早く目的地に到着できれば、これは移動の有効な選択肢となるが、それよりも夜を徹して鉄道で旅行することの楽しさを懐かしむ声が高まったのである。

こうした背景から運転が開始されたのが**ＪＲ西日本**の「WEST EXPRESS 銀河」で、運転が開始されたのは、２０２０（令和２）年９月11日。運転区間は京都・大阪〜出雲市、または大阪〜下関、または京都〜新宮《しんぐう》間で、これまでのところは多客期に不定期での運転となっている。つまり、この列車はビジネスユースを意識したものではなく、目的地に向かうことよりも、列車に乗ること自体を目的として運転される「クルーズトレイン」の色合いの濃い列車となっている。

現在、運転がアナウンスされている運転ルートのひとつは「紀南ルート」とネーミングされた京都~新宮間の列車で、下り列車の京都発が21時15分、終着の新宮着が翌朝9時37分となっている。ターミナル駅の発車時刻が遅すぎないことから、車内でゆっくりと時間を過ごすことができるのが嬉しく、車窓から通過駅の人影もまばらになった深夜のホームの風景や、早朝の駅の風景などを眺めることができるのは、夜行列車ならではの楽しみとなっている。

「WEST EXPRESS 銀河」に使用されているのは、かつては京阪神間を「新快速」として走った１１７系の改造車で、６両編成を「ファーストシート」「クシェット」などに作り分け、一部の座席が簡易寝台として使用できるほか、座席についても十分な居住性が確保され、快適な夜を過ごせるよう工夫されている。

また、私鉄の大井川鐵道や、えちごトキめき鉄道などでは、夜を徹して列車を往復運転させることで、かつての夜行列車と同様に列車内で夜を過ごすことを楽しめる列車が運転されており、これも不定期の運転ではあるが、毎回好評を博している。

これら夜行列車の復活は、ノスタルジーを追うことと同様に、鉄道旅行の魅力を再発見しようという試みでもあるように見受けられる。路線延長の短い私鉄が運転する夜行列車は移動手段としての価値を持たないが、ＪＲ各社であれば、この制約は皆無《かいむ》となる。

「WEST EXPRESS 銀河」の成績が好調を維持するようなら、ＪＲ西日本以外の他社が同様の列車の運転を企画することも考えられ、それは鉄道旅行が好きな者に大きな喜びをもたらすはずだ。それこそが「鉄道復権」となるはずである。

美食を堪能できる「グルメ列車」を走らせる会社は？

寝台車と共に、現代の鉄道から失われてしまったものに食堂車がある。車内で食事ができる食堂車は、長距離を走る列車には不可欠の存在とされ、また、そこでどのような料理が提供されるかが、列車のステイタスともなっていた。

日本で初めて食堂車が登場したのは１８９９（明治32）年5月25日のことで、現在の山陽本線を建設した明治の私鉄・山陽鉄道が京都〜三田尻《みたじり》（現在の防府《ほうふ》）間運転の列車に連結した。

車内では主に洋食が提供され、技術習得のために、山陽鉄道は若手社員を積極的に海外出張に出した。スイス人コックが作るパンが好評だったという記録も残っているが、その時代の人人には、洋食という存在そのものが憧れの的だったのだろう。

やがて、食堂車は全国を走る長距離列車に連結されるようになり、メニューも工夫が加えられていった。車両の半室を占《し》めるかたちで造られた食堂車の厨房《ちゆうぼう》は、一般的なレストランに比べればはるかに狭く、調理には苦労をともなったという。

列車が急ブレーキをかけたことに気がついたコックは、食材が飛び出さないように冷蔵庫の蓋《ふた》を押さえ、ウェイトレスは「コップを押さえてください」と、乗客に向かって叫んだという。古き良き時代の鉄道旅行の情景である。

しかし、そんな食堂車も２０００年代の初めまでには、ほとんどすべてが廃止されてしまった。列車が高速化し、乗客の車内の滞在時間が短くなったことと、駅周辺にリーズナブルな飲食店が増えたことなどが、食堂車を廃止に追い込んだのである。

しかし、これも寝台車と同じように、かつての鉄道旅行を懐かしみ、この復活を望む声が、随所《ずいしょ》で上がるようになった。

こうして、車内で食事を楽しむことができる列車が各地に登場し、それは「グルメ列車」、あるいは「レストラン列車」とも総称されるようになった。車内に厨房機器を備えるためには役所の認可が必要とされることから、その多くがケータリングサービスを使用しての料理の提供となってはいるが、調理法の発達によって、現代の列車の味は、かつての食堂車のそれをゆうに凌《りよう》駕《が》するものに進化している。

ＪＲ各社でも、ＪＲ東日本、ＪＲ西日本、ＪＲ四国、ＪＲ九州の4社で「グルメ列車」の運転が行なわれており、鉄道旅行の楽しい彩《いろど》りとなっている。また、私鉄各社にも同様の列車を運転しているところがあるので、ホームページなどで確認してみよう。本格的な料理を出す列車は予約を必要とすることが多く、運転時刻が時刻表に掲載されないことも多いので、事前に十分にチェックして乗車の計画を立てよう。

ＪＲ東日本には八戸線を走る「TOHOKU EMOTION」と、福島駅を中心にして走る「フルーティアふくしま」を、**ＪＲ西日本**では金沢からＩＲいしかわ鉄道へ直通する「花嫁のれん」、鳥取〜出雲市間を走る「あめつち」など5列車を、**ＪＲ四国**では松山〜伊予大洲《いよおおず》・八幡浜《やわたはま》間を走る「伊予灘《いよなだ》ものがたり」など3列車を、**ＪＲ九州**では大分〜日田《ひた》間などを走る「或《あ》る列車」など5列車を運行している。

　地産の食材を活かし、旬の味を楽しむために季節ごとにメニューを変更するというスタイルが各列車でとられており、これは現代の供食サービスのトレンドとなっている感がある。

　列車内での食事の提供には、地上のレストランにはない工夫が求められ、それは先に記した乗務員の揺れ対策ばかりでなく、たとえ揺れても崩れることがない盛り付けが考えられ、料理に添えるさまざまなソースについても、通常より固めに仕上げて、これも形が崩れるのを防ぐことがあるという。

　第三セクター鉄道で運転されていたある「グルメ列車」では、シェフが調味料を用意するのを忘れ、あわてて携帯電話から店に電話をかけて、車で次の停車駅まで調味料を届けてもらったこともあったのだとか。利用者としては、味が落ちるようなことがあっては困るけれども、時にはそんな楽しいハプニングが生まれるのも、地上のレストランではけっして出合うことのない、「グルメ列車」の楽しさのうちなのかもしれない。

「僕は列車の中で食べるものは何でも美味《おい》しい」と言ったのは作家の内田百閒《うちだひゃっけん》で、鉄道ファンとしても知られた百閒は各地の列車をテーマに多くの作品を残した。現代によみがえった食堂車の席を取り、文士気分に浸《ひた》ってみるのも楽しそうだ。

3章
北海道 東日本 東海 西日本 四国 九州の
経営スタイルを比較する

経営規模がもっとも大きい会社は？

この章ではまず、ＪＲ各社の経営規模を比べてみたい。単純におよその売上高を比較すると、ＪＲ北海道は４９０億円、ＪＲ東日本が１兆４２４１億円、ＪＲ東海が７２６０億円、ＪＲ西日本が５７７６億円、ＪＲ四国が１８２億円、ＪＲ九州が１７９９億円となっており、数字の上でも**ＪＲ東日本**が圧倒的となっている（データは２０２０〈令和２〉年）。

この数字は、単に鉄道運輸における売上高だけでなく、関連事業のものも含まれているから、いきおい都市部にある鉄道が有利とはなるが、その差は大きい。単純な数字の比較だけでも**ＪＲ九州**の健闘が目立つが、これにはバス輸送の充実も貢献しているようだ。ＪＲ九州は２０１６（平成28）年10月に株式上場を果たしており、ここまでの堅調ともいえる経営が証明された格好だ。

もともと、ＪＲ北海道、ＪＲ四国、ＪＲ九州の３社は、発足時から「３島会社」とも呼ばれてその経営が危《あや》ぶまれてきた。もちろん、国鉄の分割・民営化移行が決定した時点で、この状況が見通されており、これを救済するための措置《そち》として「３島会社」には基金が設けられ、これを運用することで経営を補完するという図式がつくられている。

それでも、記憶に新しいＪＲ北海道で相次いだ事故と、要員の不足だとするその発生原因を

JR旅客6社の売上高、資本金、従業員数

	売上高	資本金	従業員数
JR北海道	490億円	90億円	6247人
JR東日本	1兆4241億円	2000億円	4万8040人
JR東海	7260億円	1120億円	1万8499人
JR西日本	5776億円	2261億円	2万2715人
JR四国	182億円	35億円	2116人
JR九州	1799億円	160億円	7647人

＊2020年。従業員数のみ2022年4月1日現在

聞き及ぶに至って、当初の計画が思いどおりには進んでいないことを、国民は思い知らされている。

近年はコロナ禍《か》による輸送需要の極端な落ち込みもあって、輸送業はどこも青息《あおいき》吐息《といき》といった状況だが、だからといって、不採算を理由にこれを手当たり次第に廃止してしまうのでは約束が違うということになる。基金を設けて、経営が難しい路線であっても運行体制を維持し、利用客の利便を損なうことをしないというのが、ＪＲ発足時の方針だったからだ。

その一方で、ほぼ見込みどおりの売り上げが確保されているように見える本州の３社にしても、近年は鉄道輸送業には及び腰な姿勢であることが目立つようになってきた。

駅の「みどりの窓口」の撤廃にともなう利用客の受け入れ窓口の減少や、ＪＲ東日本による一部の駅での時計の撤去なども報じられており、経営の効率化と旅客サービスの在り方をふまえず、単にコストカットだけが進められているようにさえ感じられる。

従業員数も**ＪＲ東日本**が最多だ。２０２２（令和４）年４月１日現在では、４万８０４０人を数えている。以下、ＪＲ西日本２

万２７１５人、ＪＲ東海１万８４９９人、ＪＲ九州７６４７人、ＪＲ北海道６２４７人、ＪＲ四国２１１６人（それぞれ単体）となっている。

ＪＲ北海道の従業員数が**ＪＲ四国**よりも多いのは、受け持つ面積が異なるから当然のことで、それは別項で記す路線長の違いでも理解することができる。また、保有する駅数などが大きく異なり、業務内容にも各旅客鉄道とは大きな違いがあるＪＲ貨物の全従業員は５６８５人となっている。

ちなみに、ＪＲの前身である国鉄には昭和中期までおよそ40万人の職員がいたというから、現在のＪＲグループ７社合計のおよそ11万人の４倍以上ということになるが、これは長く続いた路線の廃止にともなう経営規模の縮小と、さまざまな業務の自動化、駅務や運転業務の人員削減、アウトソーシングによるところが大きい。

この数字は技術の進歩によってもたらされたものともいえるが、かつては日本全国津《つ》々《つ》浦々《うらうら》のどこの駅でも、そこには駅長、駅員がいて、乗客とのコミュニケーションが取られていたものが、駅の無人化によって、その風景は失われてしまった。

経営のスリム化は現代の企業にとっての至上命題ではあるだろうが、交通機関が利用客からの信頼までを失ってしまうのであれば、それは本末転倒となる。鉄道がこの国で利用者からの厚い信頼を得てきたことの理由を考えるのであれば、時にはそこに立ち戻ることも必要だろう。

企業のもうひとつの顔ともいえる資本金を比べてみると、ＪＲ北海道が90億円、ＪＲ東日本が２０００億円、ＪＲ東海が１１２０億円、ＪＲ西日本が２２６１億円、ＪＲ四国が35億円、ＪＲ九州が１６０億円（いずれも２０２０年）となっており、これはどこも堂々たる数字になっている。

ちなみに私鉄最大手となっている近畿日本鉄道のそれは１億円であり、ＪＲ６社が鉄道会社として別格ともいえる規模を誇っていることがうかがえる。

収入がもっとも高い会社は?

次に、ＪＲ各社の収入を比較してみよう。

こちらは、ＪＲ北海道が４９０億円、ＪＲ東日本が１兆４２４１億５０００万円、ＪＲ東海が７２６０億７４００万円、ＪＲ西日本が５７７６億２７００万円、ＪＲ四国が20億６２００万円、ＪＲ九州が１７９９億８９００万円となっており、数字はいずれも単独決算のものであるが、これも大きな数字が並んでいる。

それでも赤字経営に苦しんでいる会社もあるわけだから、鉄道というインフラがいかに維持するのにコストがかかるのかということでもある。周知のようにこの3年間は、コロナ禍によって日本経済は大きな打撃を受けた。鉄道界が受けた打撃も大きく、これはいかんともしがたいが、右記の数字はどれも２０２２（令和４）年３月期のものだから、これが各社本来の姿とはいい難い。

参考までに**ＪＲ東日本**の２０１７（平成29）年の売り上げは２兆９５０１億円（連結決算による）とアナウンスされており、これもけた違いのものとなっている。

もちろん、ＪＲ東日本にしても多くの赤字路線を抱えており、けっして安穏《あんのん》としてはいられない状況であるが、売上額については、近年は連続的に増収を続けていて、企業としての安定ぶりがうかがえる。

それでは、実際の損益はどうなっているのだろう。国鉄時代には定期的に営業係数が発表され、それは発表ごとにさまざまなメディアに取り上げられてきた。営業係数は、それぞれの路線が１００円の収入を得るのに、どれくらいの費用がかかったのかを示すもので、当時のワースト路線として何度も登場した北海道の美幸《びこう》線のそれは、１９７２（昭和47）年のものが３２７０と発表されており、鉄道会社の運営の難しさが表れている。

北海道の内陸部を走っていた美幸線は、美深《びふか》と北見枝幸《きたみえさし》を結ぶバイパス線として建設が始められたが、途中の仁宇布《にうぷ》まで開通したところで工事が凍結されてしまい、延長21㎞あまりの「盲腸線（線路が短い、行き止まりの形の路線）」として運行が続けられていた。

人口が少ない北海道の内陸部のことゆえ、計画が完遂《かんすい》されたとしても、それでどれくらいの経営改善がなされたのかは不明だが、地域の振興を旗印《はたじるし》として積極的な建設が続けられたのが、昭和中期までの国鉄の姿だった。

これはもちろん、地方を地盤とする国会議員の強力な先導のもとに生まれた政治的な色合いの濃い事業であったが、国鉄の路線延伸には国会の承認が必要であるわけだから、国にも責任がある。

政治家と官僚の一種のなれ合い（それがあったからこそ、政治の運営がスムーズに進められたという一面もありはする）が日本の赤字路線の建設を続けさせたということにもなり、結果的には、これが国民に犠牲を強《し》いた部分もあるはずだ。

現代の路線の収支を見てみると、これは路線ごとの数字を並べ始めるとそれだけで膨大《ぼうだい》なものとなってしまうから一部だけ取り上げるとして、やはり２０１５（平成27）年度の実績で、**JR東日本**エリアでもっとも大きな収入を得ている路線は東北新幹線だ。これは路線延長がものをいっている。

損益というかたちで見ると、ＪＲ東日本でもっとも良好な成績を挙げているのは東京の山手線ということになり、１kmあたりで５０５２０６（千円）、つまり50億円もの利益を上げている（２０１５年）。やはり、都市に敷設《ふせつ》された鉄道の環境は恵まれているということだろう。

近年の鉄道会社の経営を支えるものに、関連事業への進出がある。その業種については不動産業から食品の製造と販売、あるいは近年の傾向として企業経営に対するソフトの提供というものまであって、その展開は賑《にぎ》やかな限りだが、これもベースになっているのは、鉄道の運行という安定した業務が基盤になっているがゆえに得られる信頼があることも明確で、ここにも鉄道会社の強みがある。

　ＪＲ各社が経営の安定のために、多種多様の関連事業を手がけるという傾向は、これからも強くなっていくことだろう。その一方で、利用者の立場からすれば、鉄道会社の本業である運輸についても、明るい話題を作ってほしいところではある。前向きな姿勢を見せ続けることこそが、鉄道会社が利用者からの信頼を得る一番の早道なのだから。

駅と路線長をもっとも多く保有する会社は？

　ＪＲ各社の駅の数を比べてみよう。２０２２（令和４）年４月１日現在の時点では、ＪＲ北海道が３４２駅、ＪＲ東日本が１６７７駅、ＪＲ東海が４０５駅、ＪＲ西日本が１１７４駅、ＪＲ四国が２５９駅、ＪＲ九州が５７１駅となっており、当然のことながら、人口が集中している地域の駅が多くなっている。

　このほかにも、「乗降場《じょうこうじょう》」などと呼ばれる、正式な駅には数えられない施設があり、とくに国鉄時代の北海道にはこの施設が多く、住民の便宜《べんぎ》が図られてきた。また、特定の期間だけ開設される「臨時駅」というものもあり、これも各社によってのカウントの仕方はまちまちとなっている。したがって、単純な数値の比較が難しいのが駅ということにはなるが、ひとつの目安にはなるだろう。

各社が保有する路線長についてはＪＲ北海道が２３７２・３営業キロ、ＪＲ東日本が７４０１・７営業キロ、ＪＲ東海が１９７０・８営業キロ、ＪＲ西日本が４９０３・１営業キロ、ＪＲ四国が８５３・７営業キロ、ＪＲ九州が２３４２・６営業キロとなっており、ここにもＪＲ東日本の規模の大きさが表れている。

なお、ここで挙げた「営業キロ」とは、鉄道会社が運賃計算に際して使用する路線長のことで、時刻表に記される数値も、この「営業キロ」が基本的に使用されている。

これに対し、各路線の実際の距離は「実《じつ》キロ」と呼ばれる。東海道新幹線が開通した際、直線的に建設された新幹線は、並行する東海道本線よりも距離が短くなった。その距離で計算すると、駅間の運賃が異なってしまい、運賃計算が不可能になってしまうことから、この考え方が広く使われるようになった。ちなみに、東海道新幹線東京～新大阪の営業キロは、東海道本線と同じ５５２・６㎞であるが、実キロは５１５・４㎞とされている。

JR旅客6社の駅数と営業キロ数

	駅数	営業キロ数(km)
JR北海道	342	2372.3
JR東日本	1677	7401.7
JR東海	405	1970.8
JR西日本	1174	4903.1
JR四国	259	853.7
JR九州	571	2342.6

＊2022年4月1日現在

路線長を比較してみると、青森県から静岡県東部までをカバーする**ＪＲ東日本**の規模が抜きん出ていることが理解でき、ＪＲ北海道がＪＲ九州はもちろん、ＪＲ東海をも凌《りょう》駕《が》していることがわかる。

北海道の鉄道が国鉄の末期から不採算を理由として続々と廃止されていったことを思うと、この島が本州以南とは別格の広さを有していることがわかり、最盛期の北海道の鉄道の姿が遠い過去の思い出の中だけの存在となってしまったことが惜しまれる。

一方、**ＪＲ東海**は中京圏という大都市を地盤としながら、思いの外、路線長が長くないことがわかる。このうちの５００㎞超が東海道新幹線によるものだ。採算性の低いローカル線が少ないＪＲ東海の特質がここでもうかがえるが、在来線の距離が短いのは、ＪＲ東海エリアに山岳地帯が多いことも理由なのだろう。峻険《しゅんけん》な山地が多い地帯では、昔から人の往来が限られており、鉄道を建設する必要性も低かったのである。

ＪＲ東海が建設中のリニア中央新幹線は、静岡県下で日本屈指の山岳である南アルプス（赤石山脈）の直下を通過することが計画されているが、そのことによって開通後の鉄道の姿にどのような変化が生まれるのだろう。

現時点での計画では、静岡県下にリニア中央新幹線の駅が建設される予定はなく、これも、この新しい鉄道の立ち位置を微妙なものにしている。なお、リニア中央新幹線の距離は２８６㎞とアナウンスされており、東海道本線・新幹線の東京〜名古屋間３６６・０㎞よりも短い。

そのほか、数えてみたいものにトンネル、橋梁《きょうりょう》などがあるが、この実数の把握は数値が頻繁に変わることもあって、容易ではない。これらの施設が集中するのは峠越えの区間が多く、それはたいがい県境に控え、長く続く勾配《こうばい》もつきものとされた。

ただし、ＪＲの最急勾配区間があるのは**ＪＲ東海**飯田線の赤木《あかぎ》〜沢渡《さわんど》間で、40パーミル、すなわち１０００ｍを進むあいだに40ｍの高低差を上り下りする勾配がこの区間にある。ここは県境ではないものの、飯田線の多くの部分が天竜川に沿った深い谷の中を走っており、随所《ずいしょ》に建設に大きな困難がともなった難所があった。

また、一番長い橋梁は**ＪＲ東日本**東北新幹線の第一北上川《きたかみがわ》橋梁で、長さ３８６８ｍ。これも山岳路線に設けられたものではなく、田園地帯を貫《つらぬ》く新幹線の線路をより直線的にするために長い橋梁が構築された。鉄道建設技術の進歩が、昔からの鉄道の姿を変え続けている。

各社で乗降人員がもっとも多い駅は？

ＪＲ６社のなかで乗降人員が最大の駅は**ＪＲ東日本**の新宿。１日の乗降客数は１５７万８７３２人というのがＪＲ東日本の統計で、ここに集結する私鉄までを含めると、その数字は３５０万人となる（２０２１〈令和３〉年度）。

これは、日本ではもちろん世界でも最大のもので、この駅には朝と夕方を含めて、１日に６回のラッシュがあるという。デパートの開店時間、終電前のラッシュなどもあるというから、この駅の役割の大きさがうかがえる。

ちなみに首都圏の乗降人員ベスト５は、新宿、渋谷、池袋、横浜、北千住となっており、どれも私鉄が接続して、乗り換え客が多い駅となっている。大正から昭和初期にかけて建設された私鉄は、どこも国鉄の駅との接続を目指してルートを選んだが、そのときに描《えが》かれた鉄道地図が、今日につながっているということになる。

では、ＪＲ各社の最多乗降人員駅はといえばＪＲ北海道が札幌、ＪＲ東海が名古屋、ＪＲ西日本が大阪、ＪＲ四国が高松、ＪＲ九州が博多で、これは不動といったところ。大阪駅などは隣接する駅が大阪梅田、あるいは梅田を名乗り、データのとり方が難しい。地下鉄の東梅田駅なども隣接しているから、これをトータルでカウントするといよいよ難しくなる。

さて、鉄道ファンにとっては、東日本以外のＪＲの代表駅という設問は答えが簡単であるだろう。それでは、ＪＲ北海道の2位と、ＪＲ四国の2位はどこだかご存じだろうか？

北海道は「旭川？　それとも函館？」と考える人も多いだろうが、正解は新千歳空港。「言われてみればそのとおり」と納得できる。

四国は？　というと、徳島となる。その昔は和歌山からのフェリーも発着していた徳島の賑わいが失われたことを嘆く人もいるが、鉄道はしっかり生きており、地域の中心として機能している。

では、規模の大きな駅はどこだろうか？　これもまた定義が難しい。ホームの数を採用するなら、地上に1〜23番線と、地下の2か所に各4番線までを備える東京、そして34番線までを備える京都あたりが筆頭となるが、ホームには欠番もあるから、これもややこしい。

一方、駅ビルの高さであれば、駅の直上に地上53階の「ＪＲセントラルタワーズ」が建つ名古屋ということになる。

また、駅舎の広さではなく、駅構内すべての広さということになると、東京貨物ターミナルなどの貨物駅に分《ぶ》があり、こうなると、何を比較の対象とするべきなのか難しい問題となってしまう。ただし、この数値は常に変動し続けるものであることはご承知おきいただきたい。

もっとも標高の高い駅は**JR東日本**小海《こうみ》線の野辺山《のべやま》駅が標高１３７５ｍにあり、１９３５（昭和10）年11月29日の開業以来、不動。法律上は鉄道の仲間とされるロープウェイまでを含めると、これは「私鉄」ということになるが、中央アルプス観光の「千畳敷《せんじょうじき》駅」が標高２６１１ｍの高さにあり、同駅にも「この駅が日本一の高さにある」ことが記されている。

一方の乗降人員の少ない駅。これはじつに数多くあり、１日の乗降人員がゼロという駅が多く存在する。いま、全国には「秘境駅」と呼ばれる駅があって、これは駅の周辺に民家がほとんどないというもの。駅周辺に住まう人が鉄道を利用しない日があれば、すぐにゼロという数字が記録されることになる。

人が住んでいるから駅ができたはずなのに、それが「秘境」に数えられるようになってしまうのだからおかしな話ではあるが、各地で人口の過疎化《かそか》が進んだことから、このような事象が生まれた。人間の生活パターンとはそういうものなのだろう。

もっとも、こういったデータは、とくに近年になって変化が著《いちじる》しくなっている。かつては大都市の東側や北側は住宅地としての開発が遅れていた。

それは、都市で発生する煤煙《ばいえん》が西風に乗って流れつく傾向があったこと、そして、江戸時代などには町の中心からの方角が縁起が悪いものとされ、住民が少ない代わりに刑場などの施設が設置されたことによっていた。

けれども先入観にとらわれない若い世代は、むしろそのような場所の家賃が廉価《れんか》な傾向にあることを歓迎する。そして、近年は再開発が積極的に進められ、高層マンション1棟が建ったとたんに、通勤時の人の流れが激変するという。

鉄道事業者にとっては、マンションが建つごとに、ダイヤを変えなければならないという悩みがつきまとっているというが、それが現代の鉄道というものなのだろう。

関連事業から見えてくる各社の戦略とは？

鉄道会社にとって、関連事業の展開は安定経営を続けるための重要なテーマとなっている。この手法は古くから取り入れられているもので、日本では大正から昭和にかけて活躍した小《こ》林《ばやし》一三《いちぞう》、五島《ごとう》慶太《けいた》らが、このスタイルを築いたとされている。

小林は、梅田から宝塚までを開通させた箕面有馬《みのおありま》電気軌道（現在の阪急電鉄の前身）の沿線に住宅が少なかったことから、空いている土地を宅地として開発することを思いついた。「中流」と呼ばれる層に宅地を売るために、今日でいうところの住宅ローンの仕組みをつくり、開発された町にワンクラス上のイメージを与える戦略を展開して、ブランディングを行なった。
五島慶太は小林にならい、事業をより大々的に展開。まず鉄道を敷設し、沿線の土地を大規模に買収して、やはり高級感のある宅地に仕上げた。五島は株式の取得による敵対会社の買収も積極的に行ない、「強盗慶太」というあだ名までつくが、さまざまな事業展開は、それまでの鉄道会社の経営スタイルにはないものだった。

現代の鉄道会社の関連事業となっているものも自社の沿線開発であり、その中核が宅地の造成である。宅地が開発されて住民が増えれば、自社の運賃収入も増えるのだから一石二鳥だ。乗車人員を増やすための方策として、大学の誘致が積極的に行なわれていた時代もあったが、公共的な機関は、よりよい環境を求めて移転することもあり、やはり宅地が一番ということになった。

ＪＲ各社でも不動産業、貸しビル業などは、関連事業の中核となっている。明治政府が社会を安定させることを狙って、全国に積極的に鉄道を建設したという経緯があることから、新しくつくられた町は鉄道の駅を中心に発達した。だからこそ、国鉄は全国に一等地を保有することとなり、それはＪＲ各社の資産として継承された。

駅に隣接する場所に商業ビルを建てることは、鉄道会社にとって難しいことではない。今日でも、ある駅の北口と南口に建つふたつの商業ビルが、じつはどちらもＪＲによる運営だったというケースもあって、事業の展開ぶりは華やかである。

ＪＲ各社のなかで関連事業の業種がバラエティ豊かなのが**ＪＲ九州**で、不動産事業などの一方で、建設業、飲食業なども積極的に手がけている。

建設業には、鉄道の建設、維持管理で培《つちか》われたノウハウが十分に活かされるであろうことは想像できるが、面白いのは飲食業にも傾注していることで、東京にもいくつもの支店がある鍋料理の店「うまや」は、ＪＲ九州の第４代社長であった唐池恒二《からいけこうじ》氏の発案のもとに生まれたという。つまりは、さまざまなアイディアが、社内の稟議《りんぎ》で潰されてしまうことなく、実行に移される社風が備わっているということなのだろう。だからこそ、バラエティ豊かな事業展開が可能になっているはずだ。

一方、関連事業の展開にあまり熱心でないのが**ＪＲ東海**で、ＪＲ６社のなかでもっとも関連事業による収益が少なく、同社の事業収入は運輸業、すなわち、列車で乗客を運んだことによるものが大部分を占めている。これは、東海道新幹線の運行という非常に安定した事業を掌《しょう》中《ちゅう》にしている会社であるがゆえ確立されたスタイルなのかもしれない。

ユニークな事業として注目されるもののひとつが、**ＪＲ東日本**が２０１２（平成24）年２月に立ち上げた「ＪＲ東日本スタートアップ」で、この会社ではアイディアとＩＴ事業を組み合わせることによって、新しいビジネススタイルの確立を目指すものとしている。

これまでに、駅ホームへの無人コンビニの設置実験などを実施しており、ほかにも保育所の設置や、子育て支援などが行なわれている。同様の事業はこれからも増えていくだろう。

鉄道会社がこのような「細かいビジネス」に着手するようになったのは、宅地開発という王道とされてきたビジネスが、少子化などによって限界に達しつつあることも大きな理由となっている。これは私鉄の例とはなるが、静岡県を走る遠州《えんしゅう》鉄道でも、社内ベンチャーとして介護業の展開を行なっており、社内に活気を生み出している。

また、これも私鉄の例となるが、千葉県を走る銚子電気鉄道では、自社で開発した菓子「まずい棒」がネット販売によって大ヒット商品となり、同社の業績を大きく改善させた。同社社長の竹本勝紀氏は、「わが社は食品会社です」と自虐《じぎゃく》的に笑うが、関連事業恐るべし、である。

各社が販売する割引きっぷの特色とは？(1)

現在、ＪＲ各社で積極的に販売されている商品のひとつに、割引きっぷがある。「トクトクきっぷ」、あるいは「フリーきっぷ」「フリーパス」などの名前で総称されたこの企画商品は、近年の国内旅行ブームや、現在は「シニア層」と呼ばれるようになった世代からの強い支持を得て、すっかり通年販売の定番商品に成長した。

いま、全国のさまざまな観光スポットを訪れると、たとえ平日であっても、アクティブシニアたちによる賑《にぎ》わいを目《ま》の当たりにすることが多い。かつて、アジアからの観光客で埋め尽くされていたスポットが、コロナ禍の到来を経て、今日の姿に生まれ変わった。

一連の割引きっぷは、これからも販売が続き、さらに魅力的な商品が登場することもあるだろうから、ここでその姿をおさらいしてみたい。

用意されているきっぷはじつにさまざまだから、まずは、どのようなきっぷがラインナップされているか、料金はいくらか、そのきっぷでどこに行くことができ、何日間使えるのかを確認しておこう。

似たようなきっぷがあったときには、価格の差がどこから生まれているのかを確かめるとよい。たいがいは何らかの制約が課せられていることによって割引率が高くなることが多いから、そのメリット、デメリットを把握しておけば、後悔させられることがないはずだ。

さて、ＪＲ各社の割引きっぷを比べてみよう。

ＪＲ北海道が発売しているきっぷのなかで、一番広いエリアをカバーしているのが「北海道フリーパス」だ。

新幹線以外のすべてのＪＲ北海道の路線に乗ることができ、普通車指定席も6回利用できて、7日間有効だから、これ1枚で相当に自由な旅ができる。もしもきっぷの「お得度」を回れる範囲の広さで決めるのであれば、ＪＲ北海道か、営業エリアが広いＪＲ東日本ということになるが、風景の雄大さを楽しむのであれば、断然北海道ということになるだろう。

ひとつ残念なのは、昭和の時代に比べてＪＲ北海道の路線の多くが廃止され、列車本数も削減されたことで、かつてのような自由な行程を組むことが難しくなったことだ。小さな駅で思いつくままに途中下車などしようものなら、とんでもない「しっぺ返し」を食うことがある。その1点だけ忘れずに、常に宿泊地まで戻るための最終列車の時刻だけは確認しながら行動したい。

そのほか、ＪＲ北海道には、札幌近郊から旭山動物園の往復に使いたい割引きっぷ、航空会社とのタイアップによる割引きっぷが多数ラインナップされており、本州以南からの旅でも恩恵を受けることができるものが多い。北海道旅行が決定したなら、出発前に一度チェックしておくのもよいだろう。

エリアが広い**ＪＲ東日本**には、フリーきっぷにもさまざまな目的地が用意されていて、次の旅でどこを訪ねようかと迷う楽しみが演出されている。東京、横浜といった人気のスポットに特化したきっぷも用意され、街歩きに利用できる。

一番広いエリアをカバーしているのはＪＲ北海道との共同企画としてリリースされている「北海道&東日本パス」で、このきっぷはＪＲ北海道とＪＲ東日本が連続する7日間乗り放題。加えて北越急行、青い森鉄道、ＩＧＲいわて銀河鉄道の第三セクター鉄道3社もフリーエリアに加えられているので自由度が高い。

フリーきっぷのなかには、国鉄から転換された第三セクター鉄道がフリー区間に加えられておらず、通過する際に別途運賃を払わなければならないケースがあるが、このきっぷではその心配は無用だ。

同じく**ＪＲ東日本**が２０２２（令和４）年12月にリリースしたユニークなフリーきっぷに「どこかにビューーン！」がある。

ＪＲ東日本の「JRE POINTカード」「Suica」「ビューカード」を使用したときに貯《た》めることができる「JRE POINT」６０００ポイント分で、首都圏からおおむね１５０㎞以上の場所にある新幹線の駅への往復チケットがゲットできるが、この目的地となる駅が、「４つの候補がランダムに設定されている」ことがポイント。

チケットが発券されるまでどこに行くことになるかわからないのが、このチケットの横紙《よこがみ》破りとでもいいたくなる特徴となっている。目的地は最短で越後湯沢か長野。最長で新青森なので、「どこが当たっても」損をすることはなく、すごろく遊びのような自由な旅を実際に体験できる。ぜひ一度チャレンジを。

各社が販売する割引きっぷの特色とは？（２）

ＪＲ東海がリリースしているお得なきっぷで、広いエリアをカバーしているものに「ＪＲ東海＆16私鉄 乗り鉄☆たびきっぷ」がある。

これはＪＲ東海全線の普通列車、快速列車が乗り放題となり、在来線特急、新幹線の「ひかり」「こだま」にも、別途特急券を購入することで米原《まいばら》～熱海間を乗車できる。「お得なきっぷ」

のなかには、特急への乗車を不可とするものもあるから、この点でも使い勝手のよいきっぷで、私鉄16社にも乗り放題であることが嬉しい。

有効期間は土日など連続する2日間の休日とされており、3連休でも2日間を利用できるから、1日目に伊豆箱根鉄道駿豆《すんず》線や、岳南《がくなん》電車に乗ってどこかに宿泊し、2日目に樽見《たるみ》鉄道や近江鉄道を乗り歩くという方法もある。使い方次第では、複数の路線をハシゴせずとも、十分に元が取れるはずだ。

JR西日本のエリアをカバーし、グリーン車も乗り放題になるのが「西なびグリーンパス」。こちらは50歳以上への限定発売となっているが、料金設定も安く、新幹線、特急の自由席も利用できるので、仕事の出張のときも使い勝手がよい。3日間用と5日間用の2種類が用意されているから、旅の目的によって使い分けよう。1人用と2人用がラインナップされているから、家族、友人と一緒の旅行にも使える。

一度、このきっぷを購入してしまえば、どこへでも自由に行けるというのが楽しく、新幹線もエリアに含まれているから、途中に在来線を挟んで、北陸新幹線の上越妙高から山陽新幹線の博多までを走り通すこともできる。

途中にある第三セクター鉄道2社、IRいしかわ鉄道と、あいの風とやま鉄道については途中下車が不可となるが、必要であればきっぷを別途購入すればよい。要はアイディア次第で、いくらでも楽しい行程を考え出すことができるはずだ。

もちろん、ＪＲ西日本にはほかにも多数のお得なきっぷが用意されており、京都、大阪、神戸の３つの町をまわるのに効率的なきっぷも用意されているので、関西に出かける際には十分に吟味《ぎんみ》してみよう。

また、関東の私鉄よりも数多くの割引きっぷをリリースしているのが関西の私鉄で、このあたりは長いあいだ、国鉄・ＪＲとしのぎを削ってきた鉄道らしい一面を見せている。愛知県から大阪府までの広範な地域に路線網を展開する近畿日本鉄道や、京都と大阪を結んでいる京阪電気鉄道には、ＪＲ顔負けの盛りだくさんの趣向を備えたきっぷが用意されているから、これもチェックしておきたい。１枚のきっぷで一日ではまわり切れないほどの趣向が用意されているものも多い。

ＪＲ四国を旅するのであれば、誕生月に出かけたい。同行者が誕生月でもよい。「バースデイきっぷ」を購入することで、該当月の連続する３日間、ＪＲ四国全線で特急列車が乗り放題となる。第三セクター鉄道の土佐くろしお鉄道も同様だ。

このきっぷの優れている点は、該当月であれば、何回でも購入できるというところにある。２回購入すれば連続する６日間、四国島内を特急を使って自由に行き来できるということになり、この旅は自由度の高いものとなる。

誕生月でなくても利用できる四国島内乗り放題きっぷが、「四国フリーきっぷ」だ。割引率は「バースデイきっぷ」に劣《おと》るものの、使い方は同様で、年末年始にも利用できる。

四国各地を格安で旅行できる割引きっぷを多数ラインナップしているのがＪＲ四国で、エリアは広いとはいえないものの、自由な旅を楽しむには格好のフィールドとなっている。

ＪＲ九州の乗り放題を楽しむのであれば、「みんなの九州きっぷ」の購入を。ＪＲ九州全線が、新幹線を含めて2日間、乗り放題となる。

普通列車、快速列車の乗り放題であれば「ぐるっと九州きっぷ」が利用できる。特別料金不要の快速列車でも、スピードは特急に遜色《そんしょく》ないのが現代の鉄道で、行程を工夫すれば、限られた時間でも広範な地域をまわることができる。また、多くの旅行者を惹《ひ》きつけてやまない長崎、佐世保への旅行にも便利なきっぷが用意されているので、それぞれのきっぷの持ち味を把握しておこう。

これらのきっぷは、単に乗り放題となるだけでなく、目的エリア内での飲食や、レンタカーの利用に特典が付加《ふか》されているものも多い。ただし、期間限定のものもまた多いので、事前に情報をチェックしておきたい。知ると知らないとでは大きな差が出るのが、きっぷの世界でもある。

ＪＲ発足後、廃線がもっとも多い会社は？

国鉄の末期からＪＲの誕生直後までに起こった一番の環境の変化は、やはり全国での赤字ローカル線の廃止が進められたことだろう。不採算路線の廃止は、経営状態が極端に悪化した国鉄の財政を建て直すための方策として国会で承認され、最終的に83の路線が、廃止されるか、第三セクター鉄道に転換されて、国鉄から切り離された。

問題は、国鉄がこれだけの路線を廃止しても、その経営状態が抜本《ばっぽん》的に改善されることはなく、国鉄自身までもが姿を消したことだ。この図式は、大規模小売店が昔からあった地元の商店街を飲み込んでおきながら、思うように客数が伸ばせず、みずからも撤退してしまう状況を思わせる。

全国のローカル線が苦境に立たされていると報じられているいま、この国の鉄道の在り方を根本から考え直し、作り直す時期が来ている。

ＪＲ発足後に廃止された路線は、ＪＲ北海道が14線区総計１０４０・３㎞、ＪＲ東日本が10線区総計４１１・９㎞、ＪＲ東海が１線区19・５㎞、ＪＲ西日本が11線区総計３９７㎞、ＪＲ四国が１線区43・０㎞、ＪＲ九州が９線区総計３０４・７㎞（航路を除く）となっており、およそ35年のあいだに、それだけの路線が姿を消した、あるいは姿を変えたということになる。

このなかには、ごく短い支線や、長く休止が続いていた路線が書類上で正式な廃止とされたものもあって、利用者の意識のうえでは何も変わらないケースもありはするのだが、それにしても簡単に見逃すことができない数値となっているようにも思われる。

また、廃止された路線のなかには国鉄時代に廃止が決定され、実際の路線廃止がＪＲの発足後となった路線もあるから、これは国鉄時代の負の遺産の継承とでも呼ぶべき事象となっているが、いずれにしても歓迎されるものではなく、現代の鉄道の役割、在り方とは何かを考えさせられる事象となっている。

じつはこのほかにも「廃止されたＪＲの路線」があって、それは陸の上ではなく、海の上のもの、すなわち青函連絡船と、宇高《うこう》連絡船である。

前者は青函トンネルの開通で、１９８８（昭和63）年3月13日に、後者は同年4月10日に用途廃止となったもので、当時はこれを祝する声が大きかった。

並行する航路では、その後も他社のフェリーの運航が続けられていたが、いずれにしても事業の形態が変わったことに変わりはない。

海、または川で隔《へだ》てられた2点間を船で結び、鉄道との連絡運輸を果たすものを「鉄道連絡船」と呼び、日本では１８８４（明治17）年5月15日に運航を開始した大胡汽船がその始まりとされる。

航路が設定されたのは琵琶湖上で、まだ線路が完成していなかった東海道本線の代替として運航が開始されたが、東海道本線の全通によって5年余りで姿を消している。

鉄道連絡船は鉄道と鉄道を結んでいるのだから、乗組員も気持ちのうえでは鉄道員と変わるところがなかったといい、たとえば悪天候で列車が遅延した際は、それを回復させることも役割のうちとされた。

大鳥居の前を行く「JR西日本宮島フェリー」

青森への列車の到着が遅れても、それで函館発の列車を遅延させてよいということにはならず、乗組員は海の上からの眺めで現在位置を特定し、ダイヤの回復に努めたという。無事にダイヤの遅れが取り戻せたとしても、そのことを褒《ほ》める乗客は皆無《かいむ》だったというが、定時運航の順守は、船乗りにとっても大きな喜びだったに違いない。

かつては、事業者の国鉄、民間を問わず各地に運航されていた連絡船も、架橋《かきょう》が進んだことによって次々と廃止になった。青函トンネルや瀬戸大橋を建設する大きなきっかけとなったのが、１９５４（昭和29）年の青函連絡船洞爺丸《とうやまる》、１９５５（昭和30）年の宇高連絡船紫雲丸《しうんまる》に起きた沈没事故などであったというから、これは人間の進歩というべきなのだろう。そのようななかで、現在でもＪＲが運航する連絡船がひとつだけ残っている。

それは広島県の宮島口と宮島を結ぶもので、**ＪＲ西日本**が運航している。片道の所要時間はおよそ10分だ。どちらかといえば観光船に近い雰囲気を有するものであるが、運航事務所にはＪＲ西日本のコーポレートカラーで彩《いろど》られたＪＲのマークが掲げられており、そこに昔と変わることのない鉄道マンの気概《きがい》が込められているように見える。

各社の新線建設計画と、未来への課題は？

新型コロナウィルスとも呼ばれた新しい感染症の蔓延《まんえん》は、日本では２０２０（令和２）年１月から始まった。現代を生きる人々にとって未曽有《みぞう》ともいえるこの大きな災害は、日本の社会にいくつもの影響を与え、経済活動も極限にまで縮小した。

鉄道界もその例外ではなく、連日満員の乗客を乗せて走っていた大都市圏の通勤電車や、東海道新幹線「のぞみ」でさえ閑古鳥《かんこどり》が鳴くという状況になり、蔓延を防ぐべく国民に課せられた多くの制約は、発生から3年が経過したいまも、全面的に解除されるには至っていない。この停滞によって鉄道各社の将来計画も、その多くが修正を余儀なくされたが、ここではＪＲ各社が進めている計画を見直してみよう。

JR北海道は２０３０年度の北海道新幹線札幌延伸時を目標として、いくつかの事業が展開されている。札幌周辺の駅施設が改修され、宿泊施設の拡充も計画されている。現在は飽和《ほうわ》状態になっている感もある札幌駅周辺ではあるが、また大きな変貌を遂げるはずだ。

その一方で並行在来線となる函館本線の扱い、そしてＪＲ北海道が「維持が困難である」とアナウンスしたローカル線の扱いについても結論が求められることになる。

鉄道というインフラを支えるだけの利用者数が見込めなくなり、上下分離などの小手先の策では解決が追いつかなくなっているのが現状で、路線の廃止が望まれないものであるとするならば、国を含めての抜本的な策が求められることになる。地方の赤字ローカル線の維持の問題については、他社も置かれている状況は変わりない。

ＪＲ東日本は新線建設については、２０１９（令和元）年11月30日の相鉄線直通プロジェクトの完成によって一段落し、現在はいくつかの駅周辺の再開発が主なプロジェクトとして進められている。

羽田空港と東京駅を結ぶ「羽田空港アクセス線」の建設構想は、東京オリンピック前の開業を予想するメディアもあったものの、建設が進められることはなく、現在も構想への検討が続けられている段階だ。

ＪＲ東海には、工事が停滞しているリニア中央新幹線の状況の打開が求められる。当初は２０２７年度とアナウンスされていた開業予定は、もはや実現が不可能な状況となっており、ＪＲ側と自治体側が姿勢を変えない限りは、何度交渉の場が持たれたところで、何の進展も見出《みいだ》さないだろう。この問題もローカル線の問題と同様に、国を交《まじ》えての方向の明確化が必要な時期に来ている。

ＪＲ西日本は大阪駅周辺の改良を急ピッチで進めている。梅田貨物駅跡地の再開発事業に合わせ、東海道支線の地下化が行なわれ、地下駅として「うめきた（仮称）」が開業。これは２０２３（令和5）年の予定とされ、関空アクセス列車「はるか」も同駅に停車することになる。

また、現在は桜島止まりとなっている桜島線（ＪＲゆめ咲《さき》線）の夢洲《ゆめしま》延伸も検討が開始されており、これから数年のあいだ、大阪中心部は大きく変貌していくことが予想される。

さらに、北陸新幹線の敦賀～新大阪間の建設も課題となっているが、この工事の進捗《しんちょく》には相《そう》応《おう》の時間が必要とされるはずだ。

ＪＲ四国では新線建設の具体的な計画は掲げられておらず、今後、新幹線建設を求める声が高まっていく可能性が高いが、仮に建設が始められても完成はまだ先のこととなり、未来像が予想できる段階にはない。

そのような環境下でＪＲ四国は鉄道ネットワークの充実と、関連事業の拡充を謳《うた》っている。これも人口減少が続くなかでのプロジェクトとなり、早期の大幅な業績向上は難しいかもしれない。

ＪＲ九州でも、駅の新設、改修の計画が掲げられているものの、大規模な建設計画は現在のところはない。西九州新幹線として開業した九州新幹線長崎ルートの新鳥栖《しんとす》延伸が、当面の、そして最大の課題となるが、具体的な計画は発表に至っておらず、開業には相応の時間がかかるものと思われる。

長引く不況、人口の減少、そしてコロナ禍の発生と、日本の経済には逆風が吹き続けているが、これ以上、日本の鉄道を衰退させないことが鉄道事業者に求められる課題となっていることは間違いない。

ＪＲ各社が民営会社を名乗る以上、これから先にもさまざまな活性化策が講じられていくはずである。鉄道会社の使命は、鉄道の運行によって利用者にさまざまな喜びを与えることで、そのことは、昔もいまも何も変わりはしない。

4章

北海道 四国 九州

3島会社の現状を比較する

過疎地域を受け持つ「3島会社」の現状とは?

ＪＲは旧国鉄を７つの会社に分割するかたちで発足した。それは旅客鉄道が６社と貨物鉄道が１社という内訳《うちわけ》で、６つの旅客会社は、当然のことながら、北海道、東日本という具合に地域ごとに分割されている。貨物鉄道は全国を一元的に貨物輸送のみを行なう。

旅客鉄道を地域ごとに６つに分けるのは無理のない方策であったが、当然のことながら、それぞれの地域には居住人口に差があり、本州と比較して人口の少ない地域を担当する北海道、四国、九州の３つの旅客鉄道会社は、当初から「３島会社」とも総称され、営業面では苦戦することが予想された。

そこで、この対策として基金が設立された。それは「経営安定基金」と呼ばれるもので、ＪＲが発足した１９８７（昭和62）年４月１日に、ＪＲ北海道に６８２２億円、ＪＲ四国に２０８２億円、ＪＲ九州に３８７７億円、合計１兆２７８１億円が国鉄清算事業団から３社に対して交付されている。

この額はそれまでの経営実績をふまえ、この先に予想される経営赤字の額を想定して設定されたもので、３社はこの基金を運用することで、赤字を補塡《ほてん》するものとされた。そして、この基金を切り崩すことは、ＪＲ会社法によって原則的に禁止されている。

この計画は合理的なものと捉えられた。もとより人口過疎地帯を走る3島会社であるから、経営の母体が国鉄時代の「公社」から民間に変わったとしても、それだけで突然、経営状態が良化するわけではなく、それは国はおろか利用者も理解していた。だからこその基金の設立であったわけだが、ここにきて、基金設立とその運用という名案に行きづまりが生じるようになっている。その理由は、金利が低下したことだった。

これは当初の計画には見込まれなかったもので、当初の基金運用ができなくなっているのが今日の実情となっている。また「経営安定基金」についても、その後の増額は行なわれていない。つまり、行きづまりが進行しているのが現状だといえる。

それでは低金利の対策として、現在どのような補填策が採用されているのかといえば、当初に設定された基金が、「3島会社」の株式１００パーセントを保有する独立行政法人鉄道建設・運輸施設整備支援機構（鉄道・運輸機構とも）に対して貸し付けを行ない、その金利が各社に振り分けられるというのが現在のスタイルである。

「鉄道・運輸機構」はかつての「鉄道建設公団」などを母体としてつくられた組織で、民間会社ではあるが、行政とのかかわりは深い。ありていにいえば、国の財源（つまりは税金）を新たに投入することで、低金利化に対する財源が捻出《ねんしゅつ》されているというのが現状である。

長く続く景気低迷のなかで、国が明確にインバウンド政策に舵《かじ》を切った時期があった。海外からの旅行客を招き入れることで、収益を得たいとする考え方である。

これはもちろん間違いとはいえず、ひとつの有効な施策であったはずだが、もとより観光客の動向というのは不安定な部分が大きく、それはたとえば東日本大震災が発生した直後に、東北、北関東地方の観光地が風評被害によって軒並《のきな》み大打撃を受けたことを見ても明らかだった。国はインバウンドの次の核となるべきプロジェクトを明示すべき立場にあったが、それが果たされないうちに、コロナ禍《か》が起こった。

この未曽有《みぞう》の災害が、日本の鉄道にどのような打撃を与えたのかは記憶に新しい。それまでは、多くの列車が満員の乗客を乗せて東京～新大阪間を往復していた東海道新幹線でさえ、ほとんどの列車がガラガラという状況になった。地方の鉄道における深刻な状況は言わずもがなで、これは私鉄の例とはなるが、千葉県の銚子電気鉄道では、１日の運賃収入が５０００円に満《み》たない日があったという。

コロナ禍は、いつの日にか消え去ることだろうが、成長のない状況がこのまま続いてよいはずはなく、３島会社には一層の経営努力が求められるということになるが、少子化、過疎化がさらに進んでいる現状では、掛け声だけでは対策にならないことも明確になっている。ＪＲの発足から35年が経過したいま、国も本腰を上げて、この国の鉄道の在り方を検討するべき時期が来ている。

なお、**ＪＲ九州**については、２０１６（平成28）年度以降は、「経営安定基金」の対象から除外され、２０１６年10月25日には株式の上場が果たされている。

ＪＲ北海道の経営合理化がもたらしたものとは？

ＪＲ発足当時、３島会社のなかで、もっとも経営基盤がぜい弱なのが**ＪＲ北海道**であることは、誰の目にも明らかだった。そこで３島会社で最大となる６８００億円超の基金が割り当てられたわけだが、もちろん、それだけで安定経営が約束されるわけではなく、新発足後のＪＲ北海道自身が経営の効率化を推進した。

まず着手されたのが、非採算路線の廃止で、これは国鉄時代から続けられてきた業務が継続されたかたちとなった。１９８８（昭和63）年2月1日には松前線が、4月25日には歌志内《うたしない》線が廃止され、翌年4月30日には標津《しべつ》線が、6月30日には池北線が廃止された。

この時代には青函トンネルの開通、瀬戸大橋の開通という明るい話題が日本を包んでいたが、北海道では鉄道のリストラが着々と進められていたのである。列車の統廃合が進み、特急、急行の運転本数が減らされていったのもこの時代だった。

２０００年代に入ると、道内のみを走る夜行列車が全廃されるなど、合理化はさらに進んだが、皮肉なことに、この時代に入ると、脱線事故、列車火災事故などが頻発《ひんぱつ》するようになり、それは行き過ぎた人員の削減が原因であるとマスコミからの批判が集中した。

もとより北海道の鉄道は、本州以南とは別格ともいえる広大な地域を走り、冬の寒さも厳しい。ほかとは異なる保守の体制が敷かれていなければならないのだが、保守という、業績が数字となって目に見えることのない作業の合理化が進められた結果の出来事だった。

２０１６（平成28）年3月26日にはダイヤ改正が行なわれ、この日から北海道新幹線が新函《しんはこ》館北斗《だてほくと》までの運転を開始。同時に上野発の寝台特急「カシオペア」と、青森発札幌行の急行「はまなす」の運転が終了。鉄道による本州連絡のチャンネルが旅客輸送に関しては新幹線へと明確にシフトした。

青函トンネルが１９８８年3月13日に開業すると、青森〜函館間に何本もの快速列車が運転され、これらの列車からはトンネル内に設置されたふたつの海底駅を見学することもできて人気を博したのだが、それも過去のこととなったのである。

また、このダイヤ改正時には利用客数の少ない上白滝《かみしらたき》駅などの廃止も行なわれ、ＪＲ北海道が経営の健全化を目指し、経営の減量化が進められることが明確に打ち出されるようになった。

２０１６年11月18日には「ＪＲ北海道単独では維持が難しい路線」として札沼《さっしょう》線、根室本線の一部区間など13線区、総計１２３７営業キロが掲げられ、廃止を前提に沿線自治体の協議に入りたいとすることが発表された。

それまでは、北海道の鉄道の経営の難しさが伝えられる報道がしばしばあり、事故の多発もこれに関連した事象と受けとめられていたが、ＪＲ北海道自身が大規模な路線の縮小を行ないたいとアナウンスしたことで、以後のＪＲ北海道をめぐる状況は、坂道を転げ落ちるようにし

2016年にJR北海道が発表した「単独では維持が難しい線区」

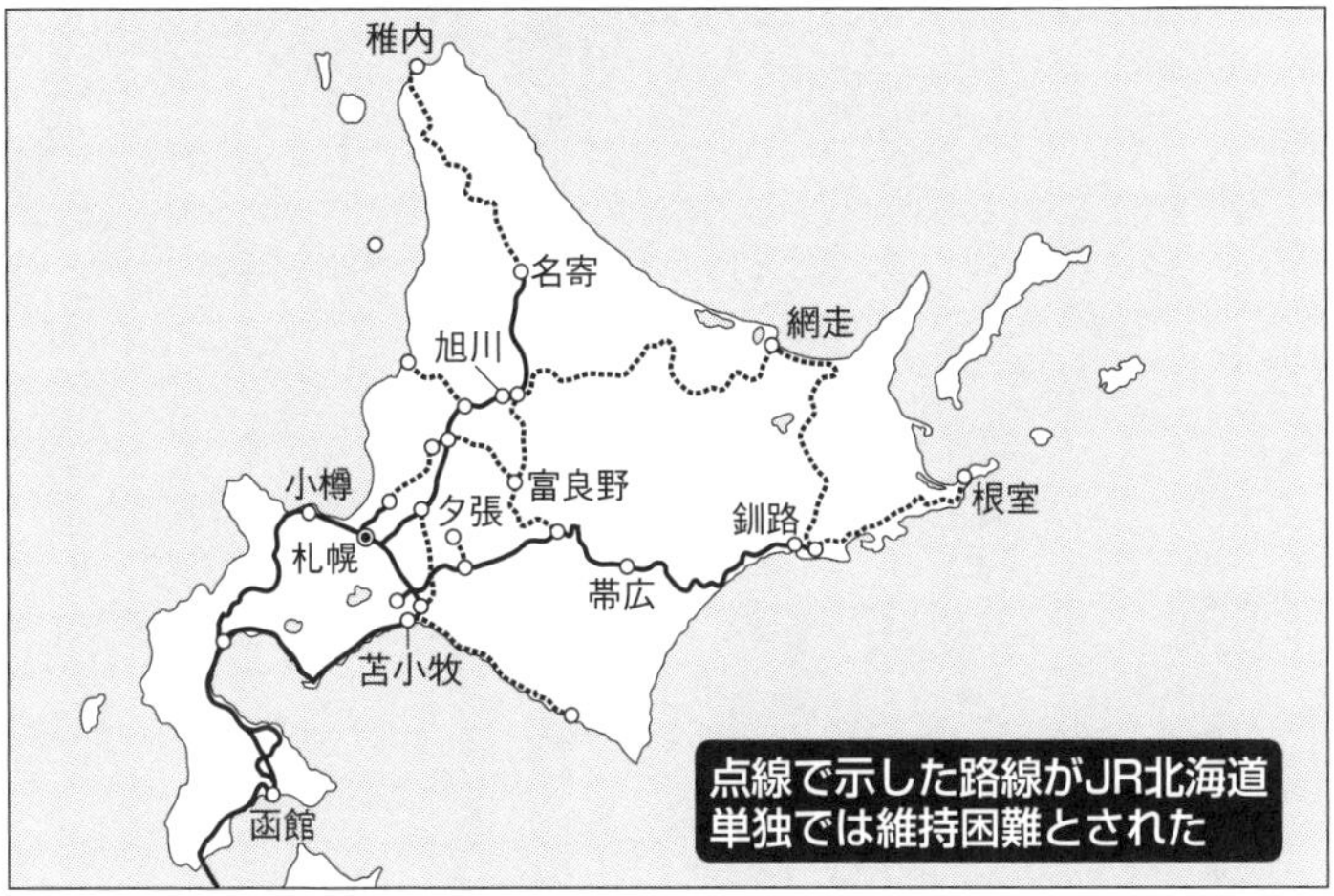

て厳しさを増していく。同年の12月5日には留萌《るもい》本線の留萌~増毛《ましけ》間が廃止されている。

ＪＲ北海道による同様のアナウンスは２０１９（平成31）年４月９日にも行なわれ、改めてＪＲ北海道が自立した経営を目指すことと、自社のみでは維持が困難な路線を公表している。

少子化による人口の減少もあって、地方を走る鉄道の経営は難しさを増している。沿線に多くの人口の過疎地帯を抱えるＪＲ北海道であるが、金利の低下によって当初予定されていた基金の運用が難しくなったから、すべての路線を廃止してよいということにはならないはずだ。

まず議論されなければならないのは、ＪＲ北海道が沿線住民に対して、どのようなかたちでサービスを提供していくのかという明確な指針だろう。自動車による輸送では賄《まかな》いきれないものがたくさんある。

あるいはこれから先に、早々に鉄道の存続をあきらめ、よりよい廃止の条件を引き出した夕張市のような例が、これからも増えていくのだろうか。

鉄道が何のために建設され、誰にどのような恩恵をもたらしているのか。目先の損得にとらわれることのない議論が必要な時が来ている。まず、そのことを率先して進めなければならないのは、ＪＲ北海道自身であることには違いない。

新幹線延伸で、ＪＲ北海道の路線網はどう変わる？

北海道新幹線新青森～新函館北斗間１４８・８㎞が開業したのは２０１６（平成28）年３月26日のこと。新青森と新函館北斗のあいだは最短１時間１分で結ばれ、東京～新函館北斗間も最短３時間55分で結ばれるようになった。

航空機が誰でも気軽に利用できるようになった今日に、この所要時間に格別の驚きは感じられないにしても、鉄道が航空機とは違って、ネットワークを構築することで利便性を高められる交通機関であることを考えあわせるならば、利便性は高く、次の段階である札幌延伸が待たれるところである。

実際に、現在の新函館北斗駅は、函館方面への連絡もさることながら、札幌延伸に有利な場所に駅が設置されたという経緯もあって、北海道新幹線の真価が問われるのは札幌延伸後ということになるのかもしれない。北海道新幹線の札幌延伸は、現時点で２０３０年度が予定されている。

そして、札幌延伸後は東京~札幌間が4時間半で結ばれることになり、空港までのアクセス、あるいはバゲージクレームでの荷物の受け取り時間までを勘案《かんあん》するのであれば、新幹線利用に魅力を感じる人も増えることだろう。さらに、札幌駅周辺の駅が目的地であるならば、運賃、乗り換えの手間などで、鉄道の優位性はさらに高まることになるはずだ。

北のターミナルとなる新幹線の札幌駅をどこに設置するかについては、議論が二転三転し、ＪＲ北海道は結局、現在の札幌駅の東側に2面4線のホームを設けることを決定した。既存の札幌駅からはおよそ２００ｍ離れた地点ということになるが、これはさしたる問題とは捉えられないだろう。国内の空港でも搭乗口がロビーから数百メートル離れた場所に設けられる例は多くあり、途中に「動く歩道」が設けられて、これを救済する方法がよくとられている。要は利用客に距離を感じさせないことが肝要であり、そのための方策はいろいろあるはずだ。

現在の札幌駅は、地上に設置された駅から移転して高架上にホームがずらりと並ぶ近代的な姿に生まれ変わったが、やや手狭《てぜま》な造りとなってしまったことは事実である。しかも、高架ホームを挟むような形でビルがずらりと立ち並んでしまったから、これを拡幅《かくふく》しようにも不可能である。

やむを得ず、同一ホームに2方向に向かう列車を入れるという策がとられているが、これは駅の本来的な使い方からはやや逸脱《いつだつ》したもので、新駅はそのような混乱を発生させることなくデザインされるはずである。

一方、ＪＲ北海道は、新幹線の札幌延伸時に、在来並行線となる函館本線の小樽～長万部《おしやまんべ》間を廃止する方針を打ち出し、これも議論を呼んでいる。もとより、この区間の利用者数は少なく、毎年巨額の赤字を生み出している。北海道新幹線は札幌延伸に際して、新八雲（仮称）、長万部、倶知安《くつちやん》、新小樽（仮称）を中間駅として設ける予定で、新幹線開業後は在来線の赤字がさらに膨《ふく》らむことが予想されている。

２０２２（令和４）年３月には沿線の９つの市町と道による協議会が開かれ、バス転換が決定している。また、残る長万部～函館間についても、新幹線の開業後にどのようなかたちをとるべきかが議論されているが、地域によって鉄道に対する位置づけが異なることもあって、議論の進捗《しんちよく》が得られないままに時間だけが過ぎているというのが現状である。

函館～長万部間は貨物輸送の動脈として機能しているという一面も有しているから、もしもこの区間の鉄道がなくなると、函館と札幌を結ぶ鉄道は新幹線のみということになり、北海道の農産物などを本州方面に運ぶ有効な手立てが失われる可能性がある。ＪＲ貨物にしても、自社のみがこの区間のコストを負担できるとは捉えておらず、肝心の国にしても明確な指針を打ち出せないままにあることが、混迷を呼んでいる。

そして、見方によっては、膨大《ぼうだい》な犠牲を払って建設される新幹線についても、現在の輸送実績を見るならば、本来求められる役割を果たしているとは言い難く、国が中心になっての明確な指針作りが必要になっているのが現代という時代であるようにも見受けられる。

工事が凍結されることがないのなら、新幹線の札幌延伸後に、札幌以南の鉄道地図をどのように描き替えるべきなのか。その答えを早急に出さなければならない。

試運転のみで姿を消したＪＲ北海道の特急形車両は？

２０１１（平成23）年4月。**ＪＲ北海道**は、在来線特急のさらなる高速運転を実現するために、新しい特急形気動車の開発に着手した。予定されていた形式名はキハ２８５系だった。

その頃、ＪＲ特急形車両のトレンドとなっていたものに、振り子式システムの搭載があった。鉄道車両はカーブを通過する際に、車体に遠心力がかかる。この力が大きなものとなると、走行中の車両はカーブの外側に飛び出してしまう。

これを防ぐために、鉄道の線路はカーブの外側となるレールを内側のものよりもわずかだけ高い位置に敷設《ふせつ》することで、通過する車両を内側に傾けて遠心力を相殺《そうさい》させるが、振り子式システムは、車両自身がカーブを通過するときに車体を内側に傾けることで遠心力を消す。

このシステムは１９７３（昭和48）年7月10日から営業運転を開始した国鉄３８１系でも採用されていたが、**ＪＲ四国**が１９８９（平成元）年に運転を開始した２０００系気動車でシステムを改良して好成績を収め、１９９０年代以降に登場する特急形車両のトレンドになっていたのである。

キハ２８５系では、このシステムにさらに改良を加え、振り子式車体傾斜システムと空気バネ式車体傾斜システムを組み合わせた「ハイブリッド車体傾斜システム」を搭載。これは、車両がカーブを通過する際に極力、床面の傾きを抑えながら、車体全体の傾斜角を大きくとるというもので、振り子式システムのアドバンテージをさらに大きいものにすることが期待された。

さらに、車体軽量化の推進や経済性の向上が図られたキハ２８５系は次世代の標準型特急車両となることが期待されたが、開発は突然中止され、深夜に１回の試運転が行なわれたのみで廃車、解体という末路を辿《たど》ることになってしまった。

開発が中止された経緯についてのＪＲ北海道のアナウンスはなく、結局はコストパフォーマンスがその理由であろうと推察された。さらなる性能向上が実現したとしても、それに見合う製作費では収まらないだろうということである。そして、キハ２８５系の開発が中止された代わりに、在来の特急形車両の増備が続けられたのである。

鉄道車両の開発が失敗に終わる例は、じつはけっして少なくない。試作段階で姿を消すばかりでなく、実際に営業運転に就《つ》きながらも大量増備には至らず、数両、あるいは数編成の車両が短命に終わった場合も、見方によっては失敗作ということになる。技術の進歩に新しい試みは必須なのだから、失敗がなければ進歩もあり得ず、そのことが責められる必要はないだろう。

しかし、ＪＲ北海道のキハ２８５系の顚末《てんまつ》はどこか不明瞭で、それは利用者、ファンにとっても疑問が残る結末となってしまったことは残念で、その意味からもＪＲ北海道の歩みを語るうえで避けて通ることのできないエポックとなってしまったのである。

ＪＲ北海道がその後に開発した特急形車両はいまのところなく、振り子式システムを搭載して登場したキハ２８１系、キハ２８３系についても増備が終了しており、現在は国鉄時代から製作されていたキハ１８３系と、振り子式システム非搭載のキハ２６１系、そしてキハ２８１系、キハ２８３系によって、ＪＲ北海道の特急列車は運用されている。より新しい意匠《いしょう》を採用した車両のいち早い運用の縮小にも対費用効果を重視しているＪＲ北海道の姿勢が見え隠れしている。

鉄道車両の運転速度の向上は、技術者にとっての永遠の課題だという考え方がある一方で、現代の鉄道にこれ以上の速度向上は不要という考え方も、長引く不況や、人口の減少が続くなかで、十分に説得力を持つ考え方となっている。

しかし、それであっても、鉄道が利用客から対価を得たうえで運輸を行なう産業である以上は、利用客に利用を働きかける力が備わっていなければならないことは当然で、コストパフォーマンスばかりを優先する考え方にも疑問が残る。というよりも、利用客がこれを批判することになるだろう。つまりは、鉄道から離れるということである。

現在、運転されている旧来の特急形車両についても、いずれ必ず、それは１００パーセントの確率で、交替が求められる時期がやってくる。その時代に、ＪＲ北海道がどのような解法を見せてくれるのか。ＪＲ発足時の精神に立ち戻り、利用客を驚かせ、そして喜ばせてほしいものである。

多彩な観光列車は、ＪＲ北海道復活の起爆剤となるか？

　暗い話題も多かったなかで、ＪＲ北海道をめぐる明るい話題として取り上げられたものに、２０２０（令和２）年８月の「THE ROYAL EXPRESS」の運転があった。

「THE ROYAL EXPRESS」はＪＲ東日本が伊豆急行との共同企画として横浜～伊豆急下田まで運転を開始した観光列車で、いわゆる企画商品と同様にツアーデスクなどからチケットを申し込む。車両には伊豆急行２１００系「リゾート21」を改造した７両編成が使用され、内装を「ななつ星in九州」などと同様のゴージャスなものに仕立て、車内で贅《ぜい》を凝《こ》らした料理、お茶を楽しめる。いわば、「クルーズトレイン」と同様の雰囲気を気軽に楽しむための列車として登場したものだが、この列車がＪＲ北海道に貸し出されて、運転されたのである。

　北海道では札幌を起点に道東をめぐる３泊４日のコースが設定され、この列車も高い倍率の抽選に当選しなければチケットを入手できない高い人気を博し、折からのコロナ禍のために当初の予定からは縮小されたものの、運転は２０２１（令和３）年と２０２２（令和４）年も行なわれ、衰《おとろ》えない人気をうかがわせた。

この列車も、ＪＲの他社が運転する「クルーズトレイン」と同様に、客層はシニア層と呼ばれるようになった世代が中心となっている。彼らが若かった日々に、北海道は誰もが一度は旅してみたい遠い憧れの地であり、夏休みなどを利用して北海道一周の旅を敢行《かんこう》した昔の若者が、いま一度道東を訪れるべく、「THE ROYAL EXPRESS」に殺到したのかもしれない。それだけのことを思わせる高い人気となったのである。

北の大地を駆ける「THE ROYAL EXPRESS」

レトロ感満載の観光列車「SL冬の湿原号」

「ノースレインボーエクスプレス」は2023年春で運行終了

このほかにも北海道を走る観光列車はいくつもあって、釧網《せんもう》本線を走るトロッコ列車「ノロッコ号」、やはり釧網本線で運転される蒸気機関車牽引《けんいん》による「ＳＬ冬の湿原号」、札幌を起点にしてラベンダーの丘が広がる富良野《ふらの》へ向けて走る「ラベンダーエクスプレス」、編成中にハイデッカー車両が連結され、ひときわよい眺めが楽しめる「ノースレインボーエクスプレス」などが運転され、まさに百花《ひゃっか》繚乱《りょうらん》とでも呼ぶべき活況を呈《てい》している。

観光色の強い列車は、ともすると短命に終わってしまうこともあるが、ここに挙げた列車はどれも、堅調な成績を残しており、北海道という観光地の変わらない人気を物語っている。冬の寒さが厳しい北海道ではあるが、これらの列車は毎年冬にも運転されているのだから、寒さもまた商品のひとつということなのだろう。

振り返ってみると、北海道の鉄道の大きなエポックとなった青函トンネルの開業は１９８８（昭和63）年3月13日。それはＪＲ発足から11か月後のことであり、以後の北海道連絡の豪華列車の歩みはＪＲの歩みとシンクロしていることになる。

当時は、すでに航空機の料金が低廉《ていれん》化《か》し、誰もが航空機を利用して北海道へ向かうのが当たり前だった時代になっていたのに、北海道へ向かう寝台列車は一昼夜を要する行程であったにもかかわらず、指定券の入手が困難な状況が長く続いた。そして、上野発の寝台特急「北斗星」に続いて、大阪発の寝台特急「トワイライトエクスプレス」も誕生し、楽しさを競いあった。いや、こと楽しさという点においては、「トワイライトエクスプレス」のそれが、「北斗星」

のそれをゆうに凌駕《りょうが》していたはずである。大阪を昼の12時に発車するこの列車は、日本海に夕日が沈むのを眺めながら札幌へ向かう。もしも伊丹《いたみ》から飛行機に乗ったなら、とっくに千歳に着いている時間に、「トワイライトエクスプレス」は、まだ北陸を走っていた、にもかかわらずである。

「この列車はいくら遅延しても、お客様は誰もクレームを口にしません。それはそうですよね。飛行機で1時間半で着くところに、24時間をかけて行くのですから」と、「トワイライトエクスプレス」に乗務していた車掌さんは話してくれた。この言葉に鉄道旅行の楽しさが語られている。

鉄道旅行に速達性ばかりは求められない時代である。雄大な風景が連続する北海道の旅には、本州以南にはない楽しさがある。その価値を再認識して、いま一度、北海道の旅の楽しさを十分に満喫できる列車が登場すれば、多くの人に喜びを届けることができるはずだ。

JR四国が熱望する「新幹線建設」は達成されるのか？

２０１９（平成31／令和元）年度において、本四備讃《ほんしびさん》線（瀬戸大橋線）の児島《こじま》〜宇多津《うたづ》間は、**JR四国**唯一の黒字線（約５億２０００万円の営業利益、営業係数84）だった。残念ながら翌年はコロナ禍で赤字に転落し、業績は２０２１（令和３）年度も回復していないが、コロナ禍の収束後は、再び黒字に再浮上する可能性が高い。

この区間は、岡山県と香川県の用務客のほか、通勤・通学客も少なからず存在し、活況を呈している。主力列車は快速「マリンライナー」で、グリーン車1両＋普通車4両の5両編成は、時間帯によって立客が出るほどだ。最高速度は１３０㎞／ｈで、全国的に見ても在来線ではトップクラスのスペックを誇る。

瀬戸大橋は2段構造となっていて、上部が自動車専用道路、下部が鉄道である。「マリンライナー」の最前部から前方を見ると、複線の線路の両外側にスペースが空いていることを確認できる。これは、新幹線線路の増設を想定しているものだ。

ＪＲ四国は、グループで唯一、新幹線を持たない旅客会社であるが、整備新幹線の北海道新幹線札幌延伸と西九州新幹線の全線が開業したあと、四国新幹線が整備新幹線に格上げされる可能性がある。

ルート案はふたつあり、ひとつは新大阪から南へ分岐して阪和《はんわ》線沿いに泉南《せんなん》に至り、そこから紀淡《きたん》海峡大橋（またはトンネル）経由で淡路島へ上陸。さらに大鳴門橋を渡って徳島へ入り、高松、愛媛を縦断。再び橋梁《きょうりょう》またはトンネルで豊予《ほうよ》海峡を越えて大分に至る「四国新幹線」と、もうひとつが岡山から分岐して瀬戸大橋を渡って四国山地を横断。最終的に高知に至る「四国横断新幹線」である。

この新幹線建設が実現すると、四国各都市から新大阪までは75～１００分程度、四国各県の

四国新幹線構想の2つのルート案

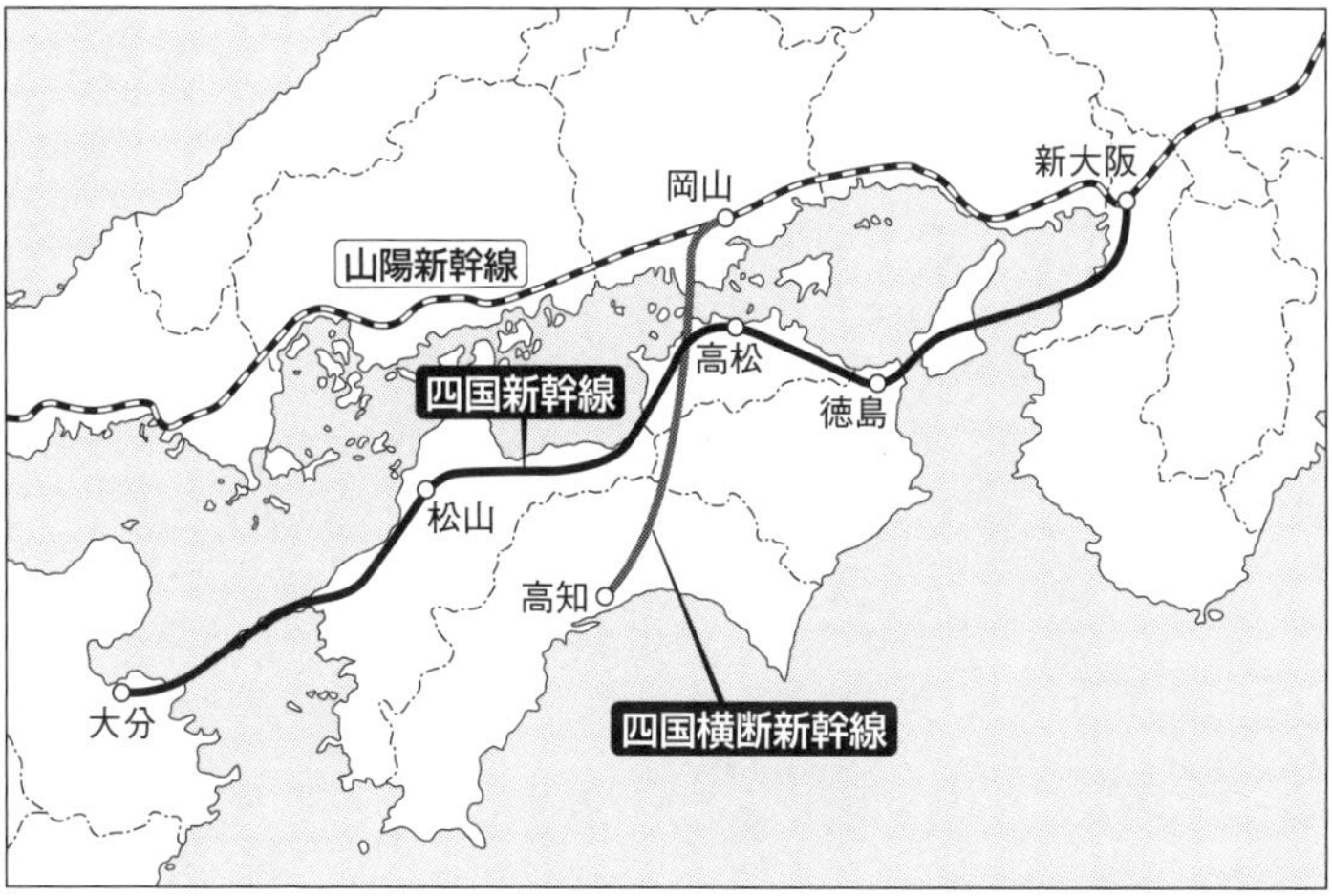

県庁所在地間は20～60分で結ばれる見込みだ。

瀬戸大橋上での四国横断新幹線は、複線で西側を走る予定で、最高速度は１６０㎞／h。総重量の偏りを防ぐために、橋の中央部に上下線が敷かれている在来線の複線は、東側に寄って新たに敷設される。つまり標準軌、狭軌の複々線区間になる予定ということである。

四国への新幹線建設の機運を高めるべく、２０２２（令和４）年11月2日には、自民党の議員連盟が「全国新幹線ネットワーク整備財源を考える会」を立ち上げ、山陰、四国などに新幹線を建設する計画を進めていくことが確認されている。これは、政治家が得意とするフライングなのかもしれないが、ここは新たな胎動《たいどう》と好意的に解釈してみたい。

四国ではこれまでにも新幹線を建設したいという動きがありながら、その都度、立ち消えになってきた経緯がある。建設に時間のかかる新幹線の前に、フリーゲージトレイン（軌間可変車両・162ページ参照）を運転して、本州からの連絡列車の速達化を図る方式も検討され、多度津工場にフリーゲージトレインを送り、実際に試験運転も行なわれたが、これは実現が不可能であることが判明した。フリーゲージトレインの重量が重過ぎることから、既存の軌道ではこれに耐えることができなかったのである。

ともあれ、少しずつではあるものの、いま再び四国への新幹線建設の機運が高まりつつあることは事実で、新幹線の建設が並行在来線の価値を下げ、地元への過度の経済負担が強《し》いられることのないよう、新幹線運営のスタイルを改めて議論する必要があるが、可能性は膨らみつつある。

瀬戸大橋の構想が初めて公表されたのは古く１８８９（明治22）年のことで、それ以来「夢の架け橋」と呼ばれ続けてきたこの橋が完成したのは、それからおよそ１００年後の１９８８（昭和63）年のことであった。

橋の開通によって、岡山県と香川県が短時間で結ばれることになり、併せてＪＲの宇《う》高《こう》連絡船や、そのほかの民間会社が運航してきた連絡船が廃止されるなど、このときにも交通地図が描き換えられる一幕があったものの、利便性、安全性は大きく向上したのである。架橋が計画されたときから温められてきた、ここに新幹線を通す計画が実現するのなら、本州と四国を結ぶ時間が圧倒的に短縮されることになる。

長引く不況やコロナ禍によって、日本の経済がとことん冷え込んでいる今日ではあるが、新しいバイパスの誕生は、次のビジネスシーンを生み出すことだろう。「夢の架け橋」に懸かる期待はなおも大きい。

ＪＲ九州は、いかにして「観光列車王国」となった？

ＪＲ九州では、自社が運行する観光列車を「Ｄ＆Ｓ列車」（デザイン・アンド・ストーリー列車）と呼んでいる。

「Ｄ」は特別な「デザイン（Design）」、「Ｓ」は沿線地域に伝わる歴史や伝説などの「ストーリー（Story）」のことで、観光色の強い列車を、いろいろな路線に、同じ車両を使用して運転するのではなく、路線ごとに車両を変え、列車名を変え、そこで提供される趣向も違《たが》えて、列車ごとに味わいが異なるものとした。

この戦略が大きな成功を生み、ＪＲ九州の観光輸送、利用の喚起《かんき》に前向きな姿勢が多方面に知られるようになった。観光輸送は通勤輸送とは異なり、運ばれる人の絶対数は決定的に異なる。多くの人が簡単に足を延ばせる場所ではない九州の支線区での観光列車の運転を、無謀なプロジェクトと捉える向きもあったが、これを見事に成功させたのである。

ＪＲ九州が初めて運行した観光列車は、キハ58系気動車を改造した「アクアエクスプレス」で、運転が開始されたのは１９８８（昭和63）年７月30日のこと。すなわちＪＲ九州の発足から１年後のことである。

この列車は、福岡近郊の手軽な行楽地として注目されつつあった「海《うみ》の中道《なかみち》」へのアクセス列車として計画され、のちに多くの列車のデザインを手がけることになる工業デザイナーの水《み》戸《と》岡《おか》鋭《えい》治《じ》氏がデザインした最初の鉄道車両であった。

この車両では、車窓から海が見えやすいように斜めに座席を配置し、星を散りばめた黒地の座席・カーペットなどが目を引いた。そして、「水戸岡デザイン」は、そののちに製作されるＪＲ九州の車両でも採用され、独自の境地を獲得する。

１９９２（平成４）年７月15日に運転を開始した７８７系特急「つばめ」では、それまでは敬遠されることの多かった黒という色を大胆に取り入れ、アルファベットを使用したロゴを車体側面に描き入れた。２００４（平成16）年３月13日に運転を開始した九州新幹線の８００系では、高速運転を身上《しんじょう》とし、最新技術が採用されていることをアピールすることが常だった新幹線の車両に「和のテイスト」を持ち込み、利用者を驚かせた。

従来の鉄道車両のデザインの範疇《はんちゅう》にはなかったスタイルを積極的に取り入れる「水戸岡デザイン」には、当然、批判もあった。氏が他の私鉄で採用した木製の横向きベンチシートは、常に揺れ続ける鉄道車両では使い勝手がよいものとはいえず、連結された車両の貫通路に暖簾《のれん》をかけるデコレーションは、乗客の視認性を下げ、これは安全面に問題があるものと捉えられることにもなった。

けれども、もし「水戸岡デザイン」が従来のレベルでの提案をくり返していたものであれば、これだけのインパクトとなることはなく、後続の車両のデザインに影響を与えることもなかっただろう。その意味では、車両デザインへの新しい提案が生まれたことも、国鉄時代には考えられなかったＪＲ誕生の功績のひとつに数えることができる。

ＪＲ九州はなぜ、これほどまでに車両デザインの革新に注力するのだろう？

それは、この会社が置かれた経営環境に起因するようにも思われる。鉄道は大量輸送の需要があって初めて威力を発揮する交通機関だが、首都圏を擁《よう》するＪＲ東日本、関西圏を擁するＪＲ西日本、中京圏を擁し、東京と大阪という日本の2大都市間の輸送を担《にな》うＪＲ東海とは異なり、沿線には福岡と北九州にしか「１００万都市」がない。いきおい、大量輸送とは別のかたちでの輸送需要を模索せざるを得なかったのである。

観光列車は、単体でみると収益性は高くないといわれている。たとえば、**ＪＲ東日本**の「四季島」1編成の製造費は、新幹線Ｅ５系2編成分以上といわれている。それでいて乗車定員は34名、対してＥ５系は７００名を超える。

1日あたりの走行距離で比較した場合、Ｅ５系1編成の生産性は40～50倍だ。東京～新函館北斗間の運賃料金は、現行では2万２４８０円だから、「四季島」は1乗車について１００万円、あるいはそれ以上の利用料金を設定しないと釣り合わないことになる。

それでも、観光列車を走らせることで路線の存在感を示すことはできる。多種多様な観光列車を運転して需要を喚起したＪＲ九州の戦略は、これまでのところ一定の成果を見せており、日本の鉄道に閉塞感が蔓延《まんえん》しているなかでの希望の光となっている。もちろん、今後にかかる期待も大きい。

ＪＲ九州の運転形態は、どのように変化した？

数々の観光列車を運転し、斬新《ざんしん》な車両デザインを採用して大いに注目されてきたＪＲ九州だが、それでは民営会社としての発足以降の、同社の列車運転のスタイルはどのようになってきたのかを振り返ってみよう。

１９８０年代の末期にまず行なわれたのが赤字ローカル線の廃止で、この時代には山野《やまの》線、上山田《かみやまだ》線、宮田線などの路線が廃止された。これらは、おもに筑豊《ちくほう》地域で産出される石炭を輸送するために建設された路線で、炭鉱が閉山となった時点で本来的な用途を失っていた。これらの路線の廃止は、国鉄時代から続けられてきた業務が、新会社に引き継がれたかたちのものであった。

そんな負のイメージは、やがて登場した数々の新型車両の活躍によって徐々に払拭《ふっしょく》されていく。７８３系、７８７系、８８５系など、この時代に登場したＪＲ九州の新型車両は、「水戸岡デザイン」によって、従来の鉄道車両のイメージからは大きくかけ離れたものとなり、日本の鉄道界に新風を吹き込んでいく。

博多、小倉などの大きな駅で列車を待っていると、やがて現れるのは、奇抜《きばつ》とも形容したくなるスタイリング、色使いをしたものばかりで、その華やかな雰囲気は、ＪＲの他社では絶対に感じることのできないものとなった。そして、南国・九州にふさわしい、一種の開放感を感じさせる車両群は、確かにＪＲ九州独自の色合いとなったのだった。

時代が２０００年代に入ると、先の章にも記した観光列車が続々と登場する。ＪＲ九州の観光列車の運転で特筆しなければならないのは、数多くの列車が三角《みすみ》線など、これまでは観光の目的地として取り上げられる機会の少なかった路線にも列車を走らせ、これを成功させたことである。

車両は旧型のものを改造して賑やかな彩《いろど》りとし、列車が運転されるまでのストーリーを加えて、列車の価値を高める。ＪＲ九州が運転を始めた観光列車は、どれも短編成のもので、運転回数も多いとはいえない。

それは日本の経済が好況にあった時代に頻繁《ひんぱん》に運転された団体臨時列車のスタイルとはいささか異なるものであったが、そのような「細かい商売」でも、十分にビジネスになることを、文字どおり日本中に知らしめたのが、ＪＲ九州の観光列車たちだったのである。そして、その延長線上に生まれたのが、２０１３（平成25）年10月15日に運転を開始した「ななつ星in九州」

だった。

九州新幹線（鹿児島ルート）は、まず、２００４（平成16）年３月12日に新八代《しんやつしろ》～鹿児島中央間を完成させ、２０１１（平成23）年３月12日に博多までの延伸開業を果たした。これで山陽新幹線との直通運転が可能になり、東海道新幹線の各駅から博多に向かう場合でも、新大阪で九州新幹線に直通する「みずほ」「さくら」に乗り換えるスタイルが流行《はや》ったこともあった。これは利用者に新型車両、あるいはＪＲ九州の斬新な取り組みが評価されてのことだったろう。

その一方で東京発着の寝台特急「はやぶさ」「富士」が２００９（平成21）年３月14日に廃止となり、これで東京方面から直通する夜行列車は全廃となった。長距離の旅行は、新幹線あるいは飛行機に委《ゆだ》ねるというＪＲ各社のスタイルが明確化されたのである。

この時代には九州島内を走る特急についても、運転形態の見直しが続けられた。在来線を走る特急は運転本数が見直され、車内販売や、車両への公衆電話の取り付けというサービスも姿を消していった。

この時代になると特急列車の運転速度の向上が図られることもなく、それは九州島内での列車サービスの在り方が、ひとつの到達点に達したことを示すものでもあった。車内販売などのサービスが消えたことは淋《さび》しいものであったが、さりとて、利用者がいないのであれば、サービスの存続を望むことはできなかった。

２０２２（令和４）年９月23日には西九州新幹線武雄《たけお》温泉～長崎間が開業し、長崎方面への速達化を可能にするチャンネルとなったが、残る新鳥栖《しんとす》〜武雄温泉間の開業日はまったくの未定であり、利便性は高いが維持費も相応のものが必要となる新幹線というインフラをこれからどのようなかたちで活用していくのか。

これはＪＲ九州の姿勢が問われることになる。ＪＲ九州を含む各社の、新たな取り組み、チャレンジに注目したい。

「3島会社」の未来は、それぞれどうなる？

ＪＲが発足した当時に計画された基金を用いての経営の援助という図式は、金利の低下などの社会情勢の変化によって、もろくも崩れ去った感がある。それでも、だからといって鉄道会社が消えてしまうようなことがあれば、何のための民営化だったのかと、その真義が問われることになる。

「公共交通（あるいは公共的色合いの濃い事業）は、赤字でなければならない」という考え方がある。

もしも、世の中のすべての事業が黒字となるのであれば、民間会社だけあれば済むということになり、それは社会の姿をゆがめることになる。どの町にも必ずある図書館は、収支だけを見れば赤字であるはずだ。けれども、赤字だから図書館を廃止せよという議論が起こらないように、社会の基盤を支える事業は、市民がそれを支えていかなければならない。

日本の鉄道は、長く国鉄という公社によって、そのほとんどが運営され、地域の交通、文化、経済を支えてきた。全国の主要都市をつなぐ幹線、地方の開発に寄与《きよ》するであろうローカル線、これらの路線は国の方針に基づいて建設され、運営が続けられてきた。

もちろん、地方に敷設された鉄道は、もとより沿線人口が少ないので、黒字での経営は見込み薄であるが、しかし、国の計画、つまり、この国をどのようなかたちにしたいのかという考えに基づいて建設が続けられてきた。

しかし、公社である国鉄という組織が破綻《はたん》した。ここでまず、国の責任が問われなければならないのだが、とにもかくにも破綻した会社を受け継ぐ民営会社が発足した。

破綻した企業を救済するべく、別の組織が立ち上げられるケースは多い。それでも、新発足した企業が「自分たちは民間企業なのだから、不採算部門は切り捨てる」というやり方を闇雲《やみくも》にくり返したら、犠牲者になるのは利用者だけである。

全国の鉄道は、国が方針を定めて建設し、そこに鉄道ができたから人が集《つど》った。そのような長い歴史を持つ鉄道の切り捨ては、一部の政治家と、鉄道会社の上層部だけで決定されてよいのか？　当たり前のように考えられている現在の図式には、大いなる疑問が残る。

暗い話題が多かった「３島会社」ではあるが、２０１６（平成28）年10月26日にはＪＲ九州が株式の上場を果たし、これはひとつの方向性を示すものとして、多くの利用者に希望を与えるエポックとなった。

国鉄の分割・民営化移行とは何だったのだろう。それは動きが鈍《にぶ》くなってしまった組織を一度解体し、多くなり過ぎた制約から組織を解放することで、企業に求められる活力、自助のための努力を与えることを第一義としたはずで、収支を錦《にしき》の御旗《みはた》として掲げることで、自分たちのやりたいことだけをやる会社にするということではなかったはずである。

その環境のドラスティックな変化に一番の喜びを感じることができたのは、何よりもＪＲに勤める人たちであったはずだが、それから35年が経過したいまは、あの春の日の喜びが、どこかに置き去りにされているようにも感じられてならない。

幸いなことに、いまは価値観が多様化した時代であり、それは誰もが自分自身の審美眼《しんびがん》を備えているということでもある。昔のような「一大ブーム」は起こりづらい代わりに、きちんとしたクオリティを備えた商品には、誰もが出費を厭《いと》わない。全国に「１組限定」を謳《うた》う高級旅館が増え、ＪＲでは3社が運行する「クルーズトレイン」が安定した成績を収めていることがその証左《しょうさ》だろう。

同様の列車の人気はＪＲ北海道が運行した「THE ROYAL EXPRESS」でも証明されている。鉄道会社の経営を根本から支える運輸業にも工夫次第で、いくらでも新たな可能性を見つけられるはずであるし、地方の衰退を防ぐという意味では、国との新たな関係を構築することが、ＪＲ各社上層部がいまなさなければならない最大の課題であるはずだ。

鉄道という交通機関には大きな能力、可能性が秘められている。それは、競合交通機関が発達した今日においても何も変わることはなく、鉄道にネットワーキングという大きなアドバンテージが備えられていることも変わりない。

「3島会社」には小回りが利くという利点を大いに活かし、利用者を喜ばせる仕掛けを、これからも数多く創り出してほしい。その土壌は備わっている。とるべき手法は無限にあり、頂点もまだ先にある。

5章

北海道 東日本 東海 西日本 九州の

新幹線を比較する

新幹線は時代とともに、いかに進化してきた？

日本で初めての新幹線となる東海道新幹線が開業したのは１９６４（昭和39）年10月１日のこと。列車名は公募され、55万８８８２通の応募の中から１万９８４５通の「ひかり」と、８２１５通の「こだま」が選ばれた。

今日の感覚からすればにわかには信じられないことだが、東海道新幹線が建設されていた時代には、これを不要と考える人たちも多くいた。新幹線を「万里の長城」「戦艦大和」と並ぶ無用の長物《ちょうぶつ》と評した作家もいたが、開業後の新幹線が果たした役割の大きさは誰もが知るところとなる。この作家も、のちには自らの不明《ふめい》を詫びるコメントを出している。

東海道新幹線の建設を強力に推進したのが第４代国鉄総裁を務めた十河信二《そごうしんじ》だった。１９５５（昭和30）年に国鉄総裁に就任した十河はこのとき71歳。高齢を押しての総裁就任を「博物館にいた古機関車の登場」と揶揄《やゆ》する向きもあったというが、以後の十河は、全身全霊を懸《か》けて、東海道新幹線の建設を進める。

そして東海道新幹線は当初の予定どおり、アジアで初めての開催となる第18回オリンピック東京大会の開幕を10日後に控えた10月１日に開業する。それは着工からおよそ５年半後のことで、現代の新幹線工事が、１００キロを建設するのにおよそ10年を要しているのと比較すると驚異的である。それは日本の国威を世界にアピールするための、国家的なプロジェクトとも捉えられていたのである。

東海道新幹線の開業に続いて、山陽新幹線への延伸が行なわれた。東海道新幹線の西のターミナルとなった新大阪駅は、西方向への延伸に適した場所に建設されており、山陽新幹線の建設は、東海道新幹線の計画時から織り込み済みだった。茨城から福岡、大分に続く工業地帯は俗に「太平洋ベルト地帯」と呼ばれ、日本の経済を支える基盤と目《もく》されていたのである。

そして、東海道新幹線と共にこの地域を貫《つらぬ》く山陽新幹線の建設も、当然成し遂げられなければならないプロジェクトと見なされていた。もっとも、この見解には異を唱える者もいて、そのひとりがほかならない十河信二だった。十河は「新幹線を東海道以外につくったら大変なことになる」という言葉を遺《のこ》している。

山陽新幹線は１９７５（昭和50）年3月10日に博多までの延伸を果たし、これで東海道・山陽新幹線が全通となった。これに続いて工事が進められたのが東北・上越新幹線で、首都圏と仙台、盛岡、青森、あるいは新潟を結ぶ高速鉄道の建設は、順序として自然なもののように思われたが、人口が多くはない地方への新幹線の建設は、当初から採算性を危《あや》ぶむ声もあった。

それでも建設が遂行《すいこう》されたのは、それぞれの沿線を地盤とする鈴木善幸、田中角栄という有力な政治家の存在があったからという指摘もある。

この時代にもう一路線建設が決まり、実際に工事も進められた新幹線があった。それが東京と成田空港を結ぶ成田新幹線であったが、この路線は反対派の運動もあって計画が中止され、途中まで建設された路盤は、特急「成田エクスプレス」が走る線路に転用されている。

　このあとに建設された山形新幹線と秋田新幹線は、在来線の線路を新幹線と同じ１４３５㎜幅に改軌《かいき》し、小ぶりにつくられた車両を直通させる「ミニ新幹線」として建設された。両路線とも、やはり輸送需要が高くないことを見越しての方策で、東北・上越新幹線建設時までの、積極的な姿勢が見直されたのがこの時期だった。それまでは、新幹線ができればその沿線が発達するという考え方が「錦《にしき》の御旗《みはた》」となって新幹線建設が進められてきたが、開業後の新幹線には、そこまでの力がないことも明らかになっていたのである。

　山形新幹線の山形開業はＪＲ発足後の１９９２（平成４）年７月１日。秋田新幹線の開業は１９９７（平成９）年３月22日のことである。

　その後、北陸新幹線、九州新幹線鹿児島ルート、北海道新幹線も開業し、２０２２（令和４）年９月23日には西九州新幹線が開業した。しかし、１９９０年代以降に開業した新幹線が、昭和時代のような熱狂を呼んでいないことも事実で、これは長く続く不況や、日本の社会の構造の変化が大きな理由となっているように見受けられる。

　長い時間をかけ、新幹線の建設が進められているうちに、社会のニーズが変化したのである。鉄道建設というプロジェクトの難しさは、このようなところにもある。

ＪＲ発足後、新幹線をめぐる各社の動向は？

東海道新幹線東京～新大阪間が開業してからもうすぐ60年。高速運転と大量輸送を両立したこの鉄道が果たした役割は、あまりにも大きい。

それでもＪＲが発足した当時に開業していた新幹線は、東海道・山陽新幹線東京～博多間、東北新幹線上野～盛岡間、上越新幹線大宮～新潟間のみで、北海道から九州まで全国に規模を広げた新幹線ネットワークとは格段の差があるように感じられる。ここでもう少し、ＪＲ発足時の新幹線の姿を振り返ってみよう。

東北・上越新幹線は**ＪＲ東日本**に継承された。東北新幹線が開業したのは１９８２（昭和57）年6月23日のことであったが、まだこの時点では都心側のターミナルを大宮としての暫定《ざんてい》開業であり、それは大宮以南の工事の遅れによるものであった。

東北新幹線は１９８５（昭和60）年3月14日に上野～大宮間を開業させるが、それまでのあいだは上野～大宮間に新幹線アクセスのための専用列車「新幹線リレー号」が運転されて利用客の便宜《べんぎ》が図られていた。

この列車には１８５系や１１５系などが充当されており、今日であれば、むしろこの列車に乗ってみたいほどである。東北新幹線はさらにＪＲ発足後の１９９１（平成３）年6月20日に東京までの延伸を果たしている。

　また大宮と新潟を結ぶ上越新幹線（大宮以南は東北新幹線に乗り入れるかたちとなっている）は東北新幹線の開業からやや遅れて、１９８２年11月15日の開業となった。当初は東北新幹線との同時開業を目標として工事が進められていたが、やはり工事の遅れによって、計画の変更を余儀なくされている。

　東北新幹線が着工されたのは１９７１（昭和46）年11月26日、上越新幹線着工が同年12月９日のことだから、大宮をターミナルにしての暫定開業まで11年を要しており、東海道新幹線が５年半あまりで開業したのと比較すれば、倍の時間がかかっていることになる。

　これは、両新幹線が山間部を走ることも工事を大がかりなものとした一因であったが、沿線住民のコンセンサスを得るための手はずや、環境適合性の確保に時間が必要だったのが大きな理由で、東海道新幹線が国威高揚を旗印《はたじるし》として突貫《とつかん》工事を続けたこととの大きな違いになった。これも社会の変化、国民の意識の変化によるものである。

　東海道新幹線は**ＪＲ東海**に継承された。路線は東京～新大阪間で、これは現在でも変わりない。東京と大阪という日本の２大都市を結ぶ路線であることから輸送需要も安定しており、それはＪＲ東海の安定経営に大きく寄与している。

　大きなエポックとなったのが、１９９２（平成４）年３月14日の「のぞみ」の運転開始で、競合交通機関である航空機との輸送シェア争いを鮮明に打ち出したこの列車では、高速運転を指向して、それまでからの大きな転換を果たした。

国鉄末期に製作され、東海道・山陽新幹線の主力となっていた１００系は編成中に２階建て車両を連結するなど、高い居住性の確保が目指された車両であったが、「のぞみ」に充当された３００系では、２階建て車両、食堂車の連結をやめ、車両の軽量化、低重心化を推進して、東海道新幹線での２７５km／h運転を実現したのである。

ＪＲ東海による高速運転指向はその後も続けられ、足が遅いとされる０系、１００系が山陽新幹線に転属するというひとコマもあった。

山陽新幹線は**ＪＲ西日本**に継承された。路線は新大阪〜博多間で、これも現在と変わりなく、ＪＲ発足からまだ日が浅い１９９０（平成２）年４月１日には博多〜博多南間を結ぶ博多南線８・５kmが開業している。これは博多南に隣接するかたちで設けられている新幹線の車両基地への回送線を旅客輸送に転用したもので、法規上は在来線とされ、この区間の特定特急料金は１００円となっている。運転されるのはもちろん、全列車が新幹線の車両であることから、ファンのあいだでは「新幹線の車両に格安で乗れる路線」として人気を得ている。

なお、車両基地への回送線を旅客輸送に転用した例としては、上越新幹線越後湯沢〜ガーラ湯沢間１・８kmがあり、こちらも博多南線と同年の１９９０年12月20日に開業した。やはり扱いは在来線となっており、上越線の支線という位置づけである。

ＪＲ発足後の山陽新幹線も、競合する航空機の存在を視野に入れ、高速運転を指向するようになり、これも国鉄時代からの大きな変化となっている。

各社で異なる新幹線の「役割」とは？

現在、四国を除くＪＲ各社が新幹線を保有している。１９６４（昭和39）年に東京と新大阪を結ぶ東海道新幹線が開業して以来、世界でも類を見ない高速運転を、それも圧倒的な運転頻度をもって実施したこの高速鉄道は、まさに日本の鉄道の太い幹となって運転が続けられてきた。しかし、全国に路線を延ばしたのちは、それぞれの新幹線の役割も微妙に異なってきているように感じられる。

現在運行されている新幹線は北海道新幹線、東北・上越新幹線、北陸新幹線、東海道新幹線、山陽新幹線、九州新幹線である。

北海道新幹線は新青森と新函館北斗《しんはこだてほくと》を結ぶ。この路線は北海道と本州を短時間で結ぶことが建設意義の大きなもので、すなわち、それは首都圏と函館、札幌を結ぶことにある。現在、新函館北斗は山間の小駅という印象があり、駅を既存の函館駅に隣接するかたちで設けなかったのは、将来の札幌延伸を見据《みす》え、全線開業後の時間短縮効果に配慮しての措置《そち》とされる。

それは既存の大阪駅に立ち寄ることをせず、西方向への延伸が容易な場所に新大阪駅を設置した東海道新幹線と同じ構図だが、それであればなおのこと、早い時期の札幌延伸が望まれるところだ。現時点では北海道新幹線の札幌延伸は２０３０年度の予定とアナウンスされている。**JR東日本**は3方向への新幹線を有している。**JR東海**の東海道新幹線が東京と大阪という2大都市を結んでいるのに対して、ＪＲ東日本の3つの新幹線は首都圏という巨大ターミナルから地方都市へと延びるかたちになっており、東京と地方の各都市を結び、それぞれの地域の鉄道輸送の基幹となっている。

東京～大阪間ほどの旺盛《おうせい》な輸送需要がないことから、同じ新幹線であっても、東海道、あるいは山陽とは様相《ようそう》が大きく異なっているのがこの点で、そこに運行の難しさもある。まだ日本の経済が隆盛《りゅうせい》であった頃、東海道新幹線で成功した2階建て新幹線が東北新幹線にも導入されたが、東海道新幹線のような成果を得ることなく消えていったことに象徴されるように、東日本の新幹線は首都圏とは反対側のターミナルにどのような輸送需要を創出するかが大きな課題といえるだろう。

JR東海が保有する東海道新幹線は、開業以来安定した成績を残している。日本の2大都市圏を形成する東京と大阪を結ぶ交通機関は何をやっても成功するという説があるが、東海道新幹線はその最たるものである。

その一方で「第二東海道新幹線」的な性格も有している中央リニア新幹線は建設が難航している。すでに工事には着工されているものの、静岡県の通過ルートについて沿線自治体との交渉が進まず、当初予定されていた２０２７年度の品川～名古屋間の開業はほぼ不可能な状況となっている。

これはＪＲから自治体へのアプローチ方法に不手際があった可能性が高いが、現在も運行が続けられている東海道新幹線にしても、すべての構造物が半永久的な耐用年数を備えているわけではなく、必要とされるはずの代替交通機関の整備を、早急に進めなければならない時期が来ている。

ＪＲ西日本は山陽新幹線を有する。この路線は関西圏と北九州を結び、ＪＲ発足時から競合交通機関である航空機との輸送シェア争いを演じて今日に至っている。その図式はいまも変わらないが、なおも続く景気の低迷とコロナ禍《か》によって、輸送量はさらに落ち込んでいるようだ。その一方でハイグレードの客室設備を有する車両のいち早い導入など、輸送力優先の東海道新幹線との大きな差異を見せているところが特徴的だ。

ＪＲ九州は九州新幹線博多〜鹿児島中央間を保有し、九州新幹線長崎ルートとも呼ばれる新《しん》鳥栖《とす》〜長崎間の建設も進められ、２０２２（令和４）年9月23日には、「西九州新幹線」を名乗って長崎〜武雄《たけお》温泉間が開業した。残る新鳥栖〜武雄温泉間をどのようなかたちで開業させるかについては、まだ結論が出されておらず、開業までには相応の時間が必要とされる気配だ。

高速・頻繁《ひんぱん》運転を可能にする新幹線は、在来線にはない高い輸送力が備わっている。日本の鉄道はこれからも、新幹線を太い幹として発展を続けていくことが予想される。

各社の新幹線車両には、どんな違いがある？

四国を除く全国にネットワークを広げた新幹線が、地域によって課せられた役割が異なっているように、運転されている車両にも、性格の違いが反映されている。ここではＪＲ各社を代表する存在となっている新幹線車両を比較してみたい。

現在、国内最速の運転を行なっているのが、東北新幹線宇都宮～盛岡間で、最高速度は３２０km／h。車両は**ＪＲ東日本**のＥ５系とＥ６系、それに**ＪＲ北海道**のＨ５系が使用されている。

Ｅ５系は２０１１（平成23）年３月５日に営業運転を開始。現在は46編成４６０両が在籍する。東北本線で高速運転を実施することを主眼に開発され、登場時から３００km／h運転を実施し、２０１３（平成25）年３月16日には最高速度が３２０km／hに引き上げられた。

10両編成中の下り寄り先頭となる10号車を、グリーン車の上をいくクラスに位置づけられる「グランクラス」としていることが大きな特徴で、この車両の定員はわずか18人。室内には大型のバケットシートが配置され、抜群の居住性が提供されている。

ＪＲ北海道が保有するＨ５系も、Ｅ５系と同様の性能を持っている。こちらはまず４編成40両が製作され、北海道新幹線が開業した２０１６（平成28）年３月26日から営業運転を開始している。

北海道新幹線を走るH5系

東海道新幹線を走るN700S系

山陽新幹線を走る500系

　Ｅ５系との共通運用を可能にするため定員も揃《そろ》えるなど、Ｅ５系とＨ５系の差異は少ないが、Ｈ５系では客用側扉の内側をＪＲ北海道のコーポレートカラーである萌黄《もえぎ》色にするなど、アイデンティティが打ち出されている。

　東海道新幹線を運行する**ＪＲ東海**を代表する車種となっているのが、Ｎ７００系シリーズだ。２００７（平成19）年７月１日に営業運転を開始。その後、２０１３（平成25）年２月８日には改良形となるＮ７００Ａが、２０２０（令和２）年７月１日にはさらなる改良形となるＮ７

００Ｓが登場している。

また、この系列には**ＪＲ西日本**が製作したグループ、**ＪＲ九州**が製作したグループもあり、編成に付《ふ》されるアルファベットが違《たが》えられている。これまでの製作総数は２９９３両に及んでいて、これは初代新幹線電車となる０系の３２１６両には及ばないものの、圧倒的な数字となっており、その安定した性能が証明されたかたちとなっている。

東海道・山陽、さらに九州新幹線（鹿児島ルート）で使用される車両であることから、高速性能と高い居住性、そして環境適合性の両立が図られていることが大きな特徴で、16両編成中に3両ものグリーン車が連結されていることも際立《きわだ》った特色となっている。

その一方で、１９９２（平成４）年に登場した３００系以降の車両では食堂車が廃止されるなど、東京〜大阪間を走る車両でありながら、ビジネスライクな設計が利用者の不満を招いたこともあったが、ＪＲ東海は、「速達が最大のサービス」という姿勢を守っている。

山陽新幹線を運行する**ＪＲ西日本**を代表する新幹線電車には、今日では「代落ち」となってしまった形式ではあるが５００系を挙げておきたい。５００系が運転を開始したのは、１９９７（平成９）年3月22日。まず山陽新幹線で運転が開始され、同年11月29日からは東海道新幹線にも進出した。

５００系開発の目的は３００㎞／ｈ運転の実施。環境適合性にも配慮した、戦闘機を思わせるシャープなデザインは、それまでの新幹線電車とは一線を画するものとして大きな話題となった。製作総数１４４両。その後に登場した７００系などとは編成定員が異なることなどから運用範囲が縮小され、現在は山陽新幹線内のみでの運転となっているが、末永い活躍を望みたい車両である。

ＪＲ九州の新幹線電車では、８００系登場時のインパクトの大きさが特筆に値する。製作両数９編成54両。２００４（平成16）年３月13日の九州新幹線新八代《しんやつしろ》～鹿児島中央間開業から営業運転を開始した。

最高速度２６０㎞／ｈという数値は、現代の新幹線電車では凡庸《ぼんよう》なものだが、８００系をエポックメーカーに仕立てたのが車体デザインで、とくに木の質感を活かして構成された内装については、わが国の鉄道車両においても類を見ないものとなり、その後に登場する数々の鉄道車両にも大きな影響を与えている。

駅や車内の〝演出〟に違いはある？

１９６４（昭和39）年に東海道新幹線が開業したとき、それは在来の路線とはまったく別の存在であることが、さまざまなかたちでアピールされていた。駅のコンコースやホームに並べられるベンチは、アイボリーとブルーを使って１席ごとに互い違いに色を変え、その色は０系新幹線の車体色と同じものであった。

一説には、この配色は「ハイライト」というタバコのパッケージが参考にされたというが、いまもＪＲ東日本の中央線のラインカラーとなっているオレンジは、会議に出席していたスタッフのひとりが着用していたセーターの色にちなんだものという説もあって、要はきっかけがなんであれ、それが利用者の感覚にフィットしたものであれば受け入れられ、そうでなければ忘れ去られるということなのだろう。

今日では新幹線の駅の色づかいに、開業時ほどの心配りがなされているとは感じられず、もしできることなら、いま一度、当時の駅のデザインを、実際に駅で見てみたいものである。

このほかにも、開業時の新幹線では車内に広告を掲出《けいしゅつ》しないなどの決まりが定められていて、これも新幹線の品位を保つことに寄与した。目先の収入にとらわれないこのやり方は、今日の目にも魅力的なものに映る。

その一方で、開業時の新幹線電車、すなわち０系が採用して大きなエポックになったものに、普通車における片側３列のシートがあった。

新幹線は１４３５㎜ゲージを採用しており、これは在来線の１０６７㎜ゲージよりも広い。当然、車体幅も大きなものとなるわけだが、ここで普通車のシート配置を、１列を２－２に配置した４人がけとするか、片側を３列として３－２の５人がけとするかで意見が分かれた。

５人用とすれば、当然定員を増やすことができるが、乗客１人あたりの占有空間は狭いものとなり、居住性は劣《おと》る。悩んだ末に導かれた結論は、多くの新幹線車両で採用されている現行のスタイル。すなわち、１列を５人がけとするものだった。

結果を見れば、この方式が採用されたことで、新幹線は大量輸送を可能にし、日本の高度成長の時代を支えたことは周知のとおりで、頻繁運転の実施は特急列車を誰もが気軽に利用できる乗り物に変身させた。

昭和の前半には、特急は限られた人だけが利用できるものという感覚を市民の多くが持ち合わせていたが、新幹線が鉄道の主役になってからは、特急はＴシャツにジーンズの若者が当たり前のように利用できる乗り物となったのである。日本の社会の生活様式をそこまで変えたことは、新幹線の功績に数えてよいだろう。

現代の新幹線の駅や、車両の雰囲気はどうだろう。ベンチの色までを統一する演出がなされている駅はないが、近年に建設された駅は、どこも地域密着を謳《うた》い、建材に地産の素材を使用するなどの工夫がなされていることが多い。

その意味では近年に開業した駅に分《ぶ》がありそうだが、東海道新幹線の駅など、古い時代に開業した駅についても、駅の利用者が多いことに着目され、その地域を本拠地とするスポーツチームのポスター、横断幕などが掲げられ、地域性を謳っている所が多い。これは鉄道だけでなく、スポーツチームも含めた社会全体の意識の変化によるものといえそうだ。

近年になってつくられた駅には、商業施設ばかりでなく、コミュニティセンターなど、地域の文化的な拠点となる施設を併設したものや、当初からフリースペース、ワーキングスペースとしての利用を考えられたものも多い。このあたりはＪＲ各社間での違いばかりでなく、時代の差を比べることにも妙《みよう》味《み》がある。

駅設備のレイアウトは、十年一日のごとく不変であるように見えても、じつはニーズの変化によってさまざまな変更が随《ずい》時《じ》加えられている。列車の編成中で指定席車両の連結位置が変更されることは多いから、その都《つ》度《ど》に人の流れも変わる。駅弁を手がける業者にとっては、これは切実な問題であって、つまり指定席車両の乗客は席が確保されているから動きが大きく、列車の停車時間にホームに買い物に出ることも多い。自由席車両の乗客は、その逆である。

したがって、売店は指定席の側に設置されていることが望ましいが、その都度に売店をつくり直すことはできないから、さまざまな工夫が求められる。次に新幹線を利用する際には、その駅の指定席車両と売店の位置の関係をチェックしてみても面白い。さまざまな発見があるかもしれない。

車両のテクノロジーはどう進歩した？…東海道・山陽新幹線

現代の鉄道の最高水準をいく車両といえば、やはりそれは新幹線の電車ということになるのだろう。高速運転と頻繁運転を両立させ、しかもこれまでに脱線による死傷事故をまったく起こしていないという高い安全性を確保。世界にも類のない、高い価値を備えているのが、日本の新幹線だ。

もちろん、このような運転を実現させるために、技術の進歩は間断《かんだん》なく続けられている。まず、車両の技術について、その発展ぶりを俯瞰《ふかん》してみよう。

１９６４（昭和39）年の東海道新幹線の開業に際して、じつは新技術と呼ばれるものは、それほど多く採用されていたわけではない。車両についていえば台車の研究が精力的に行なわれたことと、パンタグラフについても慎重に開発が進められたくらいだ。

それ以外について、開業時から運転を開始した０系は、既存の技術の積み重ねによって完成されたものだった。試験用車両で採用された運転台窓の曲面《きょくめん》ガラスも、営業用の車両では平面ガラスに改められており、これはコスト面に配慮しての措置《そち》だったといわれる。

当時の国鉄は財政面でも苦境にあり、０系の細部についても、コストパフォーマンスを重視する設計が貫《つらぬ》かれたのだった。東海道新幹線の成功は、コスト面を意識した車両を独立した線路で運転するというコンセプトの成功によるものであったともいえそうだ。

その後、山陽新幹線の博多延伸までは０系の増備が続けられている。そのあいだに製作された試験用車両では、先頭部の形状をよりロングノーズとし、ブレーキにも技術改良を反映させたものがつくられているが、営業用車両での採用には至っていない。

これはコストパフォーマンスの問題もあったことだろう。０系は後年に製作された車両が小窓を採用するなどの小さな変更が行なわれた程度で、１９８６（昭和61）年までのあいだに総計３２１６両が製作される成功作となったのだった。

１９８５（昭和60）年には東海道・山陽新幹線の２世代目の車両となる１００系の運転が開始されている。この車両では編成中に２階建て車両を連結するなど、居住性の向上に重点が置かれている。高速運転を身上《しんじょう》とする車両であっても、十分な居住性を備えるべきという考え方が、当時の世界的な潮流《ちょうりゅう》となっていたのである。

１９９２（平成４）年から営業運転を開始した**ＪＲ東海**３００系は、それまでからの一大転換を果たした車両となった。車体の軽量化、低重心化を進めて高速運転を可能にするという方針が貫かれたのである。１００系で好評を博していた２階建ての食堂車や、バリエーションのある個室は３００系には採用されなかった。

しかし、３００系は東海道新幹線での最高２７０km／h運転を実現して、東京〜新大阪間を２時間半で結んだ。それはシェアを増やしつつあった航空機への明確な対抗策で、この時代からの新幹線は、速度重視の指向が明確になり、その潮流は現在にまで続いている。

航空機とのシェア争いをするという点では、**ＪＲ西日本**が運営する山陽新幹線でも事情は同じだった。その解答として製作されたのが５００系である。

５００系は山陽新幹線での３００km／h運転を実施するために製作され、シャープなスタイリングで人気を集めた。車体軽量化のために採用されたアルミハニカム構造の車体はコスト高を招いたといわれ、後続の形式に継承されることはなかったが、一時代を築いたエポックメーカーとなったのである。

同じＪＲ西日本には「ひかりレールスター」という車両もある。７００系をベースにしてマイナーチェンジを施《ほどこ》したこのＪＲ西日本オリジナル車両は、運転台背後にセミコンパートメントを設けるなど、乗客の使い勝手にも配慮した設計となった。３００km／h運転の実現によって、改めて客室の居住性にも目線が向けられたのである。

ＪＲ東海が１９９９（平成11）年３月13日から運転を開始した７００系は、揺れが多いと不

国鉄初代の新幹線車両0系

国鉄時代の末期に投入された100系

JR東海が開発した300系

評だった３００系からの改良が施され、居住性と環境適合性を重視した車両となった。複雑な曲線を組み合わせて構成された先頭形状は空力に配慮したもので、騒音の発生を抑え、この車両が最後尾になったときも揺れの発生を抑えるものとなっている。

国鉄時代に開業した東海道・山陽新幹線で運転される車両は、社会のニーズを追っての速度向上と、居住性、環境適合性の向上という、ともすると相反することもあるふたつの課題を追いながら、進歩を続けている。

車両のテクノロジーはどう進歩した？…東北・上越新幹線以降

東京から北に延びる新幹線として、東北・上越新幹線が開業したのは１９８２（昭和57）年のことである。この両路線に用いられたのが２００系だった。

２００系は、基本的なスタイリングは0系のものが踏襲《とうしゅう》されたが、制御装置にはサイリスタ移送制御が採用され、これが0系からの一番大きな飛躍となった。この車両が走る地域の特性に合わせ、寒冷対策、雪対策が重視された。そして、機器の追加によって生じた重量の増加を、車体にアルミを用いることによって相殺《そうさい》した。

ＪＲ東日本が次に製作した新幹線電車は、Ｅ１系で、オール２階建てとしてつくられたこの形式には、その大柄な車体にちなんで「Ｍａｘ」という愛称がつけられた。

Ｅ１系の営業運転が開始されたのは１９９４（平成６）年７月15日のことで、この時代には遠距離通勤がトレンドになっていた。都心に職場を持つ人間が、マイホームを東京から少し離れた場所に持ち、新幹線を使って通勤する。Ｅ１系はそんなビジネスパーソンの着席機会を増やすために開発され、自由席となる１～４号車の普通車２階席はシートを３－３の配置として１列６人がけとした。

その結果、この席はリクライニング機能はなく、座り心地《ごこち》はほかの車両よりもやや劣《おと》るものとなったが、利用客の乗車時間が短めであるとの判断から、着席定員を増やす方策がとられたのである。また、Ｅ１系はＪＲ東日本で初のインバータ制御電車（171ページ参照）でもあった。オール２階建てという意匠《いしょう》はＥ１系の後継車となる１９９７（平成９）年12月20日登場のＥ４系にも継承され、新幹線による通勤輸送に貢献したのである。

一方、この時代には新幹線の新しい運転方式として、在来線の線路を１４３５㎜幅に改軌《かいき》し、新幹線電車を直通させる方式が新たに採用された。新在直通方式と呼ばれるこの運転の最初の例となったのが、１９９２（平成４）年７月１日に開業した山形新幹線福島～山形間で、この運転の開始に備え、奥羽《おうう》本線福島～山形間はおよそ１年間運休となり、改軌工事が実施されている。山形新幹線用の車両は福島以南は新幹線の線路上を走り、福島以北では線路幅が改められた奥羽本線を走る。

改軌が行なわれた奥羽本線は、線路幅が改められても急曲線が残ることから、新在直通用の新幹線電車は車体がやや小ぶりにつくられた。奥羽本線の新幹線直通区間は１９９９（平成11）年12月４日には新庄まで延伸され、また、１９９７年３月22日には、同じ新在来直通方式を採用して、秋田新幹線盛岡〜秋田間が開業している。

ＪＲ東日本が建設した新幹線には、北陸新幹線もある。こちらは１９９７年10月１日に高崎〜長野間が開業し、このときは北陸新幹線の暫定《ざんてい》開業というかたちとされたことから「長野行新幹線」という名称が使われている。路線は、２０１７（平成29）年３月14日に金沢まで延伸

オール2階建てのE1系「Max」

山形新幹線の主力車両E3系2000番台

北陸新幹線を走るE7系

された。

北陸新幹線を走る車両は途中区間に碓氷《うすい》峠越えがあることから、勾配区間を高速走行できる性能と、勾配を下る際にブレーキに過度の負荷をかけないことが求められる。このことからＥ２系では、ＶＶＶＦインバータ制御と電力回生ブレーキを採用し、使用エネルギーの効率化が進められている。また、北陸新幹線では佐久平《さくだいら》と軽井沢のあいだに使用周波数の境界があるため、Ｅ２系は50Hzと60Hzの両周波数に対応する車両として製作されている。

群馬と長野の県境にある碓氷峠は古くから難所として知られ、信越本線を走る列車は、長い時間を費《つい》やして峠を越えた。今日の新幹線の足取りは、どこに勾配区間があるのかを感じさせないほどで、このようなところにも鉄道技術の進歩がある。

ＪＲ東海、ＪＲ西日本が運営する新幹線が、平坦で全線にわたって輸送需要も安定しているのに対し、ＪＲ東日本が運営する新幹線は勾配区間があり、また輸送需要が東京から離れるにしたがって低下するという性格を備えている。ＪＲ各社が製作する新幹線電車には、それぞれの路線のそんな差異が反映されているようだ。

ＪＲ九州が開発した８００系は、性能面では７００系をベースとし、35パーミルの勾配に対応して6両編成が全電動車として製作されている。この形式では、なんといっても水戸岡鋭治《みとおかえいじ》氏による斬新なデザインが話題となり、以後のＪＲ九州車両の車両でも、さまざまな水戸岡デザインが展開されていく。

カーブやトンネル、分岐器…線路施設の違いとは？

新幹線における施設、サービスを比較してみたい。

東海道新幹線は東京と新大阪をおよそ3時間で結ぶことを念頭にして建設計画が立案された。在来線とは完全に分離した別線として建設され、各駅は既存の東海道本線の主要駅と隣接するか、在来線で連絡するかたちで設けられることとし、全線の多くの部分で東海道本線と並行することとなった。

最急曲線は半径２５００ｍが基準とされ（ただし、高速運転を実施しない都心部、駅の前後などの短い区間には、より急な曲線が存在している）、これは最高２１０㎞／ｈ運転を実施するのに必要な規格とされた。

時代が下り、山陽新幹線の建設時には、この規格が見直され、山陽新幹線の最急曲線は半径４０００ｍとなっている。もちろん、最急曲線が緩和《かんわ》されたことによって、山陽新幹線はより高速での運転が可能になり、現在でも東海道新幹線の運転最高速度が２７５㎞であるのに対し、山陽新幹線のそれは３００㎞／ｈとなっている。

もっとも、山陽新幹線の開通後は、この半径４０００ｍカーブでも運転のネックになったといい、福山駅の近くにある半径４０００ｍカーブは、食堂車の従業員からは「福山カーブ」という名で呼ばれ、列車がここに到達するまでに、積まれた皿の状態をチェックしなければならない関所になっていたという。

この半径４００ｍという規格はいまでも順守されているが、たとえば青函トンネル内の曲線半径が最急６５００ｍに抑えられているように、新幹線の線路は時代を追うにしたがって、より直線的に建設されるようになった。

そして、このために必要とされるのが、長大トンネルを掘削《くっさく》する技術である。鉄道の黎明期《れいめいき》には長さ１㎞のトンネルを掘ることさえ難しかった。このために明治期に建設された路線の峠越えの区間には、サミット（頂上）を越えるトンネルの前後には長い勾配区間があるのが当たり前の風景となっていたが、現代の土木技術は長大トンネルの掘削を厭《いと》わないようになった。

日本で一番長いトンネルは、言うまでもなく延長53・８５㎞の青函トンネルだが、日本で２番目に長いのが延長26・４５㎞の八甲田トンネルで、これは東北新幹線七戸十和田《しちのへとわだ》～新青森間にある。長大トンネルの掘削が可能になったことで、現代に建設される鉄道は、より直線的に建設されるようになり、これはもちろん、列車の運転速度の向上に大きく寄与している。

トンネルが連続する近年の鉄道のスタイルを、「まるで地下鉄のよう」と揶揄《やゆ》する言葉はよく耳にするところだが、これは山陽新幹線の建設が始まった頃からの傾向で、東北・上越新幹線の建設時には、さらに明確になった。

この理由には線形の確保のほかにも、環境の保護、保守作業の軽減化という狙いも含まれている。確かに長大なトンネルの掘削は困難な事業とはなるが、ひとたびトンネルが完成すれば、それは線路を風雨から守る役割を果たす。

　地中を走る列車が長いあいだ沿線に騒音を撒《ま》き散らす心配もなくなり、列車がトンネルの侵入時に発生させる微気圧波による騒音の発生も軽減された今日では、トンネルが環境保護に貢献しているという一面も見逃せないものとなった。

　目下、最新の新幹線となっている**ＪＲ九州**の西九州新幹線では、これまでであれば切り通しとして建設されていたであろう場所にあえて土を運び込み、ここをトンネルとして完成させる例もあった。

　よく知られているように、九州は台風の来襲などによって、大量の雨が降ることがある。その際に線路が切り通しとなっているよりも、トンネルとなっていたほうが安全性が高くなり、保守作業も軽減されるのが、その理由となっている。土木技術の進歩が、線路施設のスタイルまでも変えたのである。

　高速運転への希《き》求《きゅう》は、使用する分岐器（ポイント）の形状をも変えることになった。分岐器は分岐する側のレールがより緩《ゆる》い角度であるほど、列車の高速での通過が可能になる。現在の新幹線でもっとも緩い角度でつくられている分岐器は高崎駅の北側３・３㎞の地点に設置されているもので、長さは１３５ｍ、線路を分岐側に進入する列車が１６０㎞で走行できる。

　この分岐器は、上越新幹線と北陸新幹線の分岐点に設けられているもので、京成電鉄が成田空港への新線「成田スカイアクセス」を建設する際にも、工事関係者が見学に訪れたという。

実用化が望まれる「フリーゲージトレイン」の現在とは？

世界中の鉄道にはさまざまな線路幅の規格があり、それぞれが独自の出自《しゅつじ》を持ち、それぞれのアドバンテージ、ディスアドバンテージが認められている。本来的な意義を考えるのであれば、これは世界レベルで1種類か2種類程度に統一されたほうが利便性が高くなるのだろうが、そうならないのは、鉄道の長い歴史があればこそなのだろう。

それでは、車両が車輪の幅を自由に変えることによって、異なる軌間の線路を直通できるようにならないか、そう考えて開発されたのが、フリーゲージトレイン（軌間可変車両）である。

世界的に見れば、フリーゲージトレインはすでに実用化されており、１９６８（昭和43）年にはスペインとフランスのあいだに、「タルゴ」（Talgo・スペイン語でTren Articulado Ligero Goicoechea-Oriolの略）が登場。軌間の異なる路線への乗り入れ運転が開始されている。同じ考え方のもとに開発された車両は、ドイツ、ポーランドでも実用化されている。

日本でも本格的な研究が１９９０年代に始められ、１９９８（平成10）年には鉄道技術総合研究所が第1次試験車両ＧＣＴ01を完成させ、翌年1月に山陰本線での試運転を開始。２００１（平成13）年には日豊本線での試験運転が開始され、まずは順調な滑《すべ》り出しを見せた。

しかし、ここから開発は足踏みを続けるようになった。まず問題とされたのは、揺れが大きかったこと。そして、速度が出ないこと、車両の重量がかさむという問題も重視された。日本におけるフリーゲージトレインは新幹線と在来線の直通運転に使用することが至上命題であったから、とくに速度の問題は切実だった。

フリーゲージトレインの第3次試験車両

2007(平成19)年には2次試験車両となるGCT02が登場した。これはもちろん、GCT01によって見つかった欠点の改良が図られたもので、2013(平成25)年9月末までに10万kmを超える試運転が行なわれ、実用化に向けて一応の目途《めど》がつけられたといわれている。この間に、分岐器の耐用試験なども続けられ、遅々《ちち》とした感は否めなかったものの、実用化に向けた改良、試験が続けられていた。

2014(平成26)年3月には3次試験車両が登場。この車両は車体デザインに北陸新幹線E7系・W7系を思わせる流線形の先頭形状を採用し、実用化が近いことを思わせた。

フリーゲージトレインがまず投入されるのは九州新幹線長崎ルートで、工事が遅れている博多~武雄温泉間は在来線を走り、武雄温泉から長崎までは新幹線規格で建設された線路を走る。乗客に乗り換えを強《し》いることのない車両の投入は、長い時間を費やされた開発に見合うものとされた。

しかし、ここでまたトラブルが発生する。台車の一部に欠損が発見されたのだ。足回りの欠陥は重大事故を発生させる危険性がある。すぐに原因の究明が進められたが、結局はここでフリーゲージトレインの開発が中止されてしまった。

その理由のひとつには、この車両の改良しきれない重量の増加があった。車両が重く、他の新幹線車両にひけをとらない速度を出すことが困難だったのである。当初はフリーゲージトレインを投入して開業する予定だった九州新幹線長崎ルートは、当初の予定を断念してフル規格での開業を決め、武雄温泉で在来線と新幹線を乗り換えるという方式を採用して、２０２２（令和４）年９月23日に開業した。

現時点で、日本におけるフリーゲージトレインの物語はここで終わっている。このまま、この意匠を備えた車両の開発が終わってしまうのであれば、それはとてももったいない話だろう。新幹線は在来線と異なる軌間を採用したが、それゆえの制約も多い鉄道となっている。

もしも、フリーゲージトレインが実用化され、全国で運転されるようになれば、全国の鉄道の速達化が可能になる。たとえば東京発米子行、大阪発高知行という列車の運転も可能になる。この場合は、岡山までは新幹線の線路を走り、その先は在来線の線路を走ればよく、列車の始発駅、終着駅は自由に設定でき、ＪＲ各社間を直通することができる。

日本の鉄道をそのような、さらに進んだ姿に変えていくために、いま必要とされるのは、目の前の利益だけにとらわれることのない枠組みづくりと、きちんとしたリーダーシップを備えた人間なのだろう。じつは日本人がもっとも不得手《ふえて》とするのは、この部分なのかもしれないが。

いま各社が進めている新幹線の「建設計画」は？

１９６８（昭和43）年に田中角栄らの強力なプッシュによって計画された全国への新幹線建設計画は、それ自体は廃案には至っていない。

この計画では北海道は旭川まで、現在の羽越《うえつ》本線、信越本線に沿うかたちで日本海側を縦貫《じゅうかん》するルートにも新幹線が建設され、四国は東西、南北に島を貫く新幹線が建設され、このうち東西に敷設される路線は、海を渡って大分方面に達する。九州の太平洋側、すなわち小倉から大分、宮崎を経由して鹿児島に至る日豊本線に沿うかたちでも新幹線が建設される。

当初の計画どおり、このすべての路線が建設されたなら、文字どおり日本中を新幹線が走りまわることになる。全国のどこへでも、新幹線を利用してあっというまに着けるようになることだろう。

しかし、この計画が実現しそうな気配は、現在は非常に希薄《きはく》である。２０２２（令和４）年11月には自民党内の議員連盟が、「全国新幹線ネットワーク整備財源を考える会」を立ち上げ、山陰、四国などに新幹線を建設する計画を進めていくことを確認したのだが、仮に会が所期《しょき》の目的を果たしたとしても、新しい新幹線が着工され、そして完成に至るまでには、相当の年月を要するであろうことは確実である。

　現代の鉄道建設は、環境問題への適合、沿線住民からのコンセンサスの獲得など、昭和中期まではなかった、さまざまな課題への対応を強いられている。東海道新幹線の完成は、「鉄道は斜陽産業」という認識を変えてみせたが、その当時と同じような社会通念が広がっているのが、現代という時代である。

　東海道新幹線が完成した当時よりも、航空機の運賃は割安になり、自動車道の整備は進んだから、鉄道をめぐる状況は、より深刻になっているともいえる。もちろん、この状況が未来永《えい》劫《ごう》続くとは限らず、石油よりも先に枯渇《こかつ》することが確実といわれている銀資源の欠乏《けつぼう》への対策として、写真のフィルムからのデジタル化が急ピッチで進んだように、将来の化石燃料が枯渇したときに鉄道という交通機関が再評価される可能性はあるが、最初からそれを期待することはできない。

　山陰、四国への新幹線建設と同様に、現在は新庄止まりとなっている山形新幹線の酒田延伸を望む声も挙がっている。そうなると、さらに秋田、新青森方面への延伸にも期待したくなるが、日本の経済が低成長時代に入ってしまったいま、このような計画の立案、実現を望むのは、夢物語に類するものなのだろうか。

　現在、建設工事が進められているのは北海道新幹線の札幌延伸。これは２０３０年度の開通

2022年現在、建設が進んでいる新幹線

が見込まれている。そして、幾度《いくど》もマスコミを賑《にぎ》わせたのが、北陸新幹線の大阪延伸である。これは敦賀《つるが》以西のルートをめぐって沿線自治体による綱引きが行なわれた。

歩《あゆ》み寄りのない議論を打開するために、２０１５（平成27）年に**ＪＲ西日本**が敦賀～小浜《おばま》～京都というルートを提案。これが受け入れられるかたちで現在は調査が進められており、この区間の開業は２０４６年の見込みとアナウンスされている。ただ、これほど遠い将来の話となると、また新たな課題が生まれ、開業はさらに後年にずれ込むことになるのかもしれない。

開業の見込みが立ちづらくなっているのは、第二の東海道新幹線として建設が進められている中央リニア新幹線についても同様だ。

磁気浮上式鉄道の採用によって、東京と名古屋を30分で結ぶというこの鉄道は、２０１４（平成26）年12月17日には起工式も挙行《きょこう》されているが、現在は静岡県下を通過するルートと工法について、ＪＲと静岡県の見解が対立して工事が進まない事態となり、当初アナウンスされていた東京～名古屋間の２０２７年の開業は、ほぼ不可能という状況になっている。

この高速鉄道については、その必要性をめぐって長く論議がくり返されてきた。環境問題、さらにはコロナ禍によるテレワークの普及などによって、東海道新幹線にかつてほどの需要がないことも明確になったいま、リニア中央新幹線を不要とする声は大きさを増している。

ただし、東海道新幹線のインフラとて半永久的に持続できるものではなく、将来には建て直しが求められるときが来る。その対応については、国家的、大局的な議論が必要になるはずだ。

6章

北海道 東日本 東海 西日本 四国 九州の

新テクノロジーを比較する

電車を制御する技術は、どのように進化してきた？

現代の鉄道の主力となっているのは、言うまでもなく電車である。そして、電車に用いられるさまざまな技術のなかでも、常に最先端が要求されるのが制御技術だろう。電車が架線から取り込んだ電力をどのようにして電動機に送り、この回転数を制御するか。

回転数が多くなれば、それは電車が高速で走行することになる。小さくなればその逆ということだが、この制御技術は長い時間をかけて、改良に改良が加えられてきた。なぜならば制御技術の改良こそは、電車、ひいては鉄道という交通機関の経済性を高める最短の道だったからである。

黎明《れいめい》期《き》の電車は、架線から車両の電気回路に取り込んだ電力を、抵抗器を使って制御した。マスコン（＝マスターコントローラーの略）と呼ばれるハンドルを運転士が操作して回路中の抵抗値を変えて電流の量を変化させる。余った電力は抵抗器を通して熱に変換し、空気中に逃がすことになるが、この方式は効率の悪いやり方として、技術の進歩と共に随《ずい》時《じ》改良が加えられてきた。

時代の変化にともなって、電車の経済性が見直されるようになったのが１９７０年代のことで、それは「省エネ」と呼ばれる社会的な機運ともマッチして、一種のトレンドとなったのである。

この時代に積極的に採用された電車の制御技術が「チョッパ制御」と呼ばれる方式で、直流の電源を半導体などの素子《そし》を使って高速のＯＮ／ＯＦＦをくり返すことによって刻み、必要とされる電力のみを取り出すというのが基本的な考え方である。それまでよりも大幅な経済性の向上が確認され、この時代には各地の鉄道で採用されたが、誘導障害を起こす可能性があることや、製作コストが割高になることから廃《すた》れていく。

そして、現代の先端となっているのが、ＶＶＶＦインバータ制御と呼ばれるもので、この方式では直流として取り込んだ電力を、インバータを通すことで三層交流に変換し、これで誘導電動機を回転させる。この方式は電力のロスがなく、またそれまでのモーターに必須とされた電機子（ブラシ）を廃止できることから、それまでは消耗品とされていたブラシの保守から解放され、経済性、信頼性を大きく高めてみせたのである。

世界では１９６０年代からこのシステムの研究が開始されており、１９７０年代初頭には試作車両を用いての運転も開始されている。もちろん、この時代には故障の発生もあり、故障の多かった車両が従来方式に戻されるといった経緯もあったというが、着実に進歩し続けていたのである。

日本で初めてインバータ制御を採用して営業運転を行なった電車は、１９８２（昭和57）年８月２日に営業運転を開始した熊本市交通局の８２００形で、経営規模の小さな路面電車が日本初の技術を採用したことで大いに注目された。

　運用の結果は期待に沿ったものとなり、この新しい制御装置は、全国の鉄道でまたたくまに普及し、現代の鉄道のトレンドとなったのである。

　もちろん、この制御方式はＪＲ各社でもトレンドとなっており、１９９０（平成２）年９月に運転を開始した**ＪＲ北海道**７８５系での採用を皮切りに、現在は全社にインバータ制御の電車が在籍している。

　もっとも多くの通勤形電車を保有する**ＪＲ東日本**では１９９２（平成４）年5月7日に運転を開始した９０１系で採用され、この電車は試作の色合いの濃い車両であったが、９０１系の使用実績を基にして翌年から量産が開始された２０９系でもインバータ制御を採用。この方式が新形式電車における制御方式のスタンダードとなった。ＪＲ東日本２０９系電車が営業運転を開始したのは１９９３（平成５）年2月15日のことである。

　ＶＶＶＦインバータ制御は、エネルギーロスが非常に少ない制御方式として、急速に普及したが、システムのさらなる改良はもちろんいまも続けられており、目下の課題はさらなる損失の低減とされている。これには使用する素子の見直しといった研究も行なわれ、これによって使用エネルギーのさらなる有効利用や、機器の小型化が実現できるものと目《もく》されている。

　また、少子化の時代であることを視野に入れ、保守要員の節約といった従来には希薄《きはく》だった検討課題も浮上しており、これからの鉄道車両は部品のさらなる長寿命化や、車両監視システムの見直しが求められていくことになる。その意味では、ＪＲ各社のなかでも経営規模の小さなところで新技術の積極的な採用が実現するかもしれない。

ハイブリッド車両の投入に熱心なのは？

現代を生きる人間にとって、地球資源の浪費を防ぐライフスタイルの確立は、生きていくうえでの至上命題、義務となっているようだ。いまは、石油資源はもちろん、ほかにもいくつかの枯渇《こかつ》が危《あや》ぶまれている素材があって、そのひとつが銀であるといわれている。

先にも記したように、従来は銀を感光材料に使用していた写真というメディアが、急ピッチでデジタル化を進めた理由は、銀資源の枯渇に備えたものであったといい、数年前には半《なか》ば夢物語と捉えられていた地球レベルでの環境問題への対応は、急速に現実味を帯《お》びたものとなっている。

鉄道の世界でも、ハイブリッド車両の開発がいま急ピッチで進んでいる。従来のスタイルに準じる内燃《ないねん》機関と、蓄電池などのアシストとして使用される動力を併設しているのがハイブリッド車両で、日本では２０００年代から本格的な開発が開始された。

営業用としては初めてのハイブリッド車両となるキハＥ２００形が営業運転を開始したのは２００７（平成19）年7月31日のことで、**ＪＲ東日本**の小海《こうみ》線に投入されたこの車両は、ディーゼルエンジンとリチウムイオンのバッテリーを搭載。あらかじめ蓄《たくわ》えられた電力によってモーターを回転させて発車し、加速時には発電機を併用する。一定速度になったところでディーゼルエンジンを起動し、減速時には回生ブレーキを使用することで、車両の運動エネルギーを電力に変えてバッテリーに蓄えるというのが、基本的なシステムとなっている。

運転開始後のＥ２００形は高い経済性を証明し、以後、各方面でのハイブリッド車両の開発にはずみをつけた。

Ｅ２００形に続いて登場したハイブリッド車両が**ＪＲ北海道**のキハ１６０形の改造車で、この車両は試験運転を行なったのみで終わったものの、のちに特急形気動車キハ２８５系を製作するステップとなった。このキハ２８５系も営業運転を行なうことなく廃車となってしまう運命をたどるが、非電化路線も多い北海道だけに、今後、ハイブリッド車が登場する可能性は低くないはずだ。

ＪＲ西日本では２００９（平成21）年にキハ１２２形の改造車によって、試験が実施されている。そして、２０１７（平成29）年6月17日に運転を開始したクルーズトレイン「TWILIGHT EXPRESS 瑞風」用として開発されたキハ87系において、ハイブリッドシステムが採用され、研究が結実したかたちとなっている。

「TWILIGHT EXPRESS 瑞風」は10両編成。このうちの4両に動力が搭載されている。ディーゼルエンジンは、電車と比較しても騒音、振動の多い動力装置であるが、「TWILIGHT

EXPRESS 瑞風」では動力車を４両にとどめたことで、客室の静謐性《せいひつせい》が確保されている。
さらにこの時期には**ＪＲ東日本**にも、新たにハイブリッド車両が登場している。２０１０（平成22）年に登場したＨＢ-Ｅ３００系と、２０１５（平成27）年に登場したＨＢ-Ｅ２１０系がそれで、前車は長野地区、青森地区、秋田地区で運転される観光列車として、後車は仙石《せんせき》線、東北本線の普通列車に使用されて汎用性《はんようせい》の高さを見せている。
形式名に新たに用いられた「ＨＢ」の２文字は、もちろん「ハイブリッド」を示すもので、

JR東日本E200形気動車

JR東日本HB-E300系気動車

JR東海HC85系気動車

この車両が乗り心地《ごこち》を重視する観光列車に充当されていることを見ても、現代のハイブリッド車両の完成度の高さがうかがえる。

ＪＲ東海では２０２２（令和４）年7月1日からＨＣ85系の運転が開始された。この車両はＪＲ東海初のハイブリッド車であったが、まず充当されたのが特急「ひだ」であったことからもわかるとおり、ハイブリッド車への期待と信頼の高さがうかがえるスタートとなっている。同系は今後、やはりＪＲ東海が運行する特急「南紀」にも充当される見込みで、将来にこの形式がＪＲ東海の標準形特急気動車となる気配である。

ＪＲ九州では２０２０（令和２）年3月14日から、長崎本線、佐世保線、大村線でＹＣ１形の運転が開始されている。こちらは両開きの３扉を備えた近郊形電車に似た性格の車両となっており、さまざまな線区での汎用性《はんようせい》の高い運用が可能となっている。

２０２２（令和４）年9月23日の西九州新幹線の開業と共に、長崎本線の肥前鹿島以西が非電化化されるなど、在来線をめぐる状況も変化が続いており、ハイブリッド車両の活躍の場は、これからも広がりそうな気配だ。

新たな輸送システム「ＢＲＴ」を導入した会社は？

ＢＲＴとは「Bus Rapid Transit」を略したもの。日本語では「バス高速輸送システム」と訳されることが多い。

車両には通常と同じバスを使用する。通常のバス運行と異なるのは、このシステムではバスが走るのは専用道としてつくられた道という点で、ここには他のクルマの進入を認めない。これによって渋滞の発生を防ぎ、バスも鉄道と同じように運行ダイヤを順守して運行することが可能になる。世界的には１９７４（昭和49）年にブラジル南部のパラナ州の州都・クリチバで開業したものが初めてのＢＲＴとされており、50年近い歴史がある。

日本でも、福島県に存在した国鉄白棚《はくほう》線が、１９４４（昭和19）年12月の運行休止後に線路跡を使用して代行バスの運転を開始したことがある。これを、日本で初めてのＢＲＴと見なすこともできる。

いずれも、鉄道車両がレールの上を走るように、ＢＲＴは専用道の上を走る。走るのがバスだから輸送力は鉄道よりも小さなものとなるが、もとよりＢＲＴは、輸送需要の低い地域での運行を主眼《しゅがん》としたものなので問題はない。

近年になって開業したＢＲＴには、２０１２（平成24）年8月20日に開業した気仙沼《けせんぬま》線ＢＲＴと、２０１３（平成25）年3月2日に開業した大船渡《おおふなと》線ＢＲＴがあり、前者は東日本大震災によって大きな被害を受けて運行が休止されたＪＲ気仙沼線柳津《やないづ》～気仙沼間の、後者は、やはり東日本大震災によって運行が休止されたＪＲ大船渡線気仙沼～盛《さかり》間の運行を代行するもので、どちらもＢＲＴの運行は**ＪＲ東日本**によって行なわれている。

JR東日本が運行する気仙沼線BRT

ＢＲＴとしての開業時には、ホームや跨線橋《こせんきょう》といった鉄道で使用されていた旧施設がそのまま流用され、多くの停留所が新設されて、利便性の向上が図られている。

バス輸送の一番の問題点に挙げられるのが、道路の渋滞に巻き込まれることによる遅延の発生であることは言うまでもなく、専用道を使用することによって定時運行を確保するＢＲＴは、このディスアドバンテージを見事に解決する交通機関となる。

さらに、利用者が多い地域では専用道から一般道に降りての走行もできることから、たとえば大規模なショッピングセンターや病院などへは、「寄り道」をするかたちで立ち寄ることが可能になり、これは鉄道では真似のできない芸当となる。近年は施設を更新するために、丘の上など、旧市街から離れた場所に設備を新設する病院も増えているから、ＢＲＴのこの特質は魅力的だ。

もちろん、一般道で渋滞に巻き込まれることがないよう、ダイヤ設定には工夫が求められるが、それは大きな問題とはならないはずだ。停留所についても、空調を完備した待合室を新設すれば、吹きさらしに標識が立つだけの停留所よりも利用しやすい、魅力的なものとすることができる。

とくに専用道沿いではスペースに余裕があるはずだから、新しい待合室をつくることが望ましい。地域の情報を掲出《けいしゅつ》する掲示板や衛星を使用してバスの現在位置を示す表示を行なえば、鉄道と同様に使いやすい交通機関になるはずだ。

問題となるのは、肝心なＢＲＴを運行する側に、このシステムの利点を最大限に活《い》かすためのノウハウがまだ十分には備わっていないように見受けられる点で、鉄道時代にも使用されたホームは、ここが乗り場であることを示すランドマークになってはいても、それ以上の存在意義を発するには至っていない。

結局は耳に心地よい言葉だけが独《ひと》り歩きをしてしまい、まだこの新しい交通機関が鉄道よりも便利な乗り物として認知されていないことが懸念《けねん》される。

ＢＲＴの最大のアドバンテージは、その柔軟性にあるのだから、そのことを立証するだけの積極的な運行体制の確立が求められる。鉄道の廃止は悲しいことだが、それを代替する交通機関が、鉄道に匹敵《ひってき》する利便性を備えていることが利用者から理解されたなら、それがこれからの日本の交通網をより使いやすいものへと変えていくはずだ。

確かにＢＲＴには、長距離を走る列車などへの簡単な乗り換えはできないが、丘の上にある病院に立ち寄ってくれる。ニーズへの細かな対応も可能だから、たとえば地域の行事が行なわれた際に臨時便を設定することも容易である。

要は、この交通機関の特長を理解し、積極的な運営を行なうことである。地方ローカル線の衰退はこれからも続く可能性があるが、ＢＲＴには、その風の向きを変えるだけの力が備わっている。

ＪＲ北海道が導入を模索した「ＤＭＶ」とは？

これからの新しい乗り物として期待されているものに、もうひとつ、ＤＭＶがある。

これは「Dual Mode Vehicle（デュアル・モード・ビークル）」の略で、レールの上と道路の上の両方を走ることができる車両だ。車体はマイクロバスと同程度のものとなり、当然輸送力も相応のものとなる。運行方法としては、鉄道のない地域でバスと同様に走り、駅に到着したら、そこで走行装置をレールの上を走るものに切り替え、鉄道車両として既存の列車と同様に走る。

同様のシステムは日本でも１９６０年代に試験が始まり、東北本線、岩泉《いわいずみ》線などでの試運転が行なわれたが、結局、実用化には至らなかった。

しかし、２００４（平成16）年に当時のＪＲ北海道の副社長の発案による試験車両が製作され、日高本線での試運転が行なわれたのを皮切りに数路線での試験が実施されており、この新しいシステムに興味を持ったいくつかの鉄道事業者によって導入が検討された。

しかし、この際にもＤＭＶが実用化されるには至らなかった。線路と道路の両方を走ることにはアドバンテージがあるように思われ、懸案《けんあん》とされた走行機器の切り替えも、研究が進められた結果、短時間で実行できる目途《めど》が立っていた。

その一方で、この時代には道路の整備が進んだことから、バスが線路の上を走ることには大きなアドバンテージが見出《みいだ》せないものとされたのである。結局は、導入を検討したいくつかの事業者の答えも、導入を見送るというものになり、長く続けられてきた試験も、２０１４（平成26）年3月のものを最後に中止され、この画期的なシステムは、またもお蔵入りとなるかに見えた。

そんななか、２０１７（平成29）年2月3日に、徳島県を走る第三セクター鉄道阿佐《あさ》海岸鉄道へのＤＭＶの導入が承認されたのである。

２０１９（令和元）年に阿佐海岸鉄道に3両が導入されたＤＭＶは同社ＤＭＶ93形を名乗り、同年12月25日から営業運転を開始している。車両が現地に到着したあとも改良が必要とされたことから、営業運転の開始が当初の予定から1年あまり遅くなるというひとコマがありはしたものの、ＤＭＶの初期車が誕生してから15年を経たのちに、ついに営業運転での使用が開始されたのである。

試作車両の誕生時にはマスコミに大きく取り上げられたＤＭＶであるが、同様の意匠《いしょう》を備えた車両は、すでに１９３２（昭和7）年にはイギリスでの運転が行なわれていたという。だが、

阿佐海岸鉄道が運行するDMV93形気動車

このイギリスでの運転もわずかな期間のみで終わってしまった。結局は複雑な機構を備えた車両が線路と道路の上の両方を走ることができても、そこに格別の利点が生じることはないというのが、その理由であったようだ。

それでも、ＤＭＶの可能性がなくなってしまったというわけではない。なるほど、道路の整備が日本の津々《つつ》浦々《うらうら》にまで進められている今日では、日本の鉄道路線のほとんどに並行するかたちで舗装された道路がつくられており、そこを輸送力の小さなＤＭＶがわざわざ線路に乗って走る必要はない。

けれども、この車両が編成を組んで、在来の列車に連結されて走ることができるようになれば、話は違ってくる。

都心で乗客、あるいは団体客をピックアップしたＤＭＶが、ＪＲの主要駅からは在来線特急にぶら下がるかたちで観光地に近い駅までを高速で走り、その先では道路に降りていくつもの観光スポットをめぐるような運転が可能になれば、鉄道には真似のできないキメの細かいサービスの提供が可能になる。

週末の渋滞する高速道路を横目に、予定どおりの時間に出発地に帰着できるのであれば、乗用車よりもＤＭＶでの旅を望む客が現れそうである。貸し切りでの運転ができるのであれば、利用価値はさらに高まりそうだ。

結局はＤＭＶの将来も、運行を手がける会社の側が、いかに柔軟な発想、あるいは積極的な姿勢を備えているかにかかっているように見受けられる。確かに輸送の単位は少ないけれど、そこに新しい輸送需要が喚起《かんき》されたときに、それを前向きに捉えることができるか、労力の割に実入りの少ない効率の悪い事業と捉えるかは、人次第ということになる。

ＤＭＶは豊かなパイオニア精神を備えた人間によって開発された。それを活用できるのは、同様の精神を備えた人のみということになるのかもしれない。

今後、ＪＲとＬＲＴの連携が進む可能性はある？

ＢＲＴ、ＤＭＶと共に、近年になって私たちがにわかに耳にすることが多くなった都市交通のシステムにＬＲＴというものがある。

これは「Light Rail Transit」の略。日本語に訳すと「軽量旅客鉄道」というところだろうか。既存の交通機関では路面電車のイメージに近いが、もともとの定義としては、大部分で専用軌道上を走るものとされている。

とくにヨーロッパ諸国で発展を遂げており、ＬＲＴの車両は、郊外では一般的な鉄道と同じように専用軌道上を高速で走行し、都心部では専用軌道上を走る。さらに中央駅や空港では地下に潜《もぐ》ってそれぞれの施設の直下にホームを設け、短い時間で乗り換えを可能にするなどの例があり、気軽に利用できて、利便性の高い乗り物となっている。

一方、日本においてはこの乗り物の存在が知られるようになると、例によって耳に心地よい言葉に誰もが好感を抱き、いまはＬＲＴという言葉だけが、独り歩きしている感もあって、この乗り物さえあれば、都市交通における問題のすべてが解決するかのような扱いを受けている。現時点でＪＲによるＬＲＴの建設計画はないが、今後ＪＲとの連携が深められる可能性もあるので、この交通機関の可能性について考えてみたい。

日本で初めてのＬＲＴともいえる富山ライトレールが開業したのは、２００６（平成18）年４月29日のことで、いまは栃木県の宇都宮ライトレールが、２０２３（令和５）年８月に一部区間を開業させるべく、工事を進めている。

富山ライトレールは、２０２２（令和４）年２月22日に富山地方鉄道と合併して、現在は富山地方鉄道富山港線を名乗っている。富山～岩瀬浜《いわせはま》間７・７㎞を結び、２００６年春に開業したのがこの区間である。

それまで、富山と岩瀬浜を結んでいたのは**ＪＲ西日本**の富山港線で、国鉄の晩年の時代には、戦後を代表する通勤形電車として大量生産された72系電車が走る路線として知られた。国鉄の分割民営化と共にＪＲ西日本に継承されたが、輸送コストを視野に入れて、気動車による旅客輸送が行なわれていた。しかし、この路線も赤字であったことから廃止となり、この受け皿となるかたちで富山ライトレールが開業したのである。

富山ライトレールは、そのほとんどがＪＲ西日本富山港線の軌道跡を転用して開業したが、富山駅付近の路線位置を変更して市街部を走ることで利用客の増加を図り、運賃を下げて、列車の運転本数をＪＲの時代よりも増やし、駅を新設した。そして駅のホームも国鉄時代よりも高さの低いものに改めている。つまり、利用者の立場になって、使いやすい鉄道へと姿を変えたのだった。

その結果として、富山ライトレールは業績を大幅に好転させた。料金の安さから、電車に乗って買い物に出かける人が増加し、いくつものパターンに塗り分けられたカラフルな電車が好評で、「今日は何色の電車がやって来るか？」が女子高生の占いになった。赤が好評だったという。

この富山ライトレールの成功が、日本のＬＲＴブームに火を点《つ》けたのだった。同じ時期には全国に残った路面電車に最新技術で製作された低床《ていしょう》式の新型電車が導入され、これまでの路面電車のイメージを一掃させたこともブームを加速させ、未来的なフォルムをした路面電車が、すべてＬＲＴということになってしまったのである。

とくに地方から視察に来た代議士が熱心に見入《みい》ったといい、多くの先生方が「わが町にもＬＲＴを」という言葉を残して帰っていったという。ただし、目下建設が進められているＬＲＴは、先に記した宇都宮のみである。

これから先、日本でＬＲＴは発展、成功するのだろうか？　結論めいたことを先に書くのであれば、その可能性は秘められている。ただし、それは為政者《いせいしゃ》や鉄道事業者自身が、ＬＲＴの特質を欠点を含めて正しく把握し、能力の限界を見据《みす》えたうえで正しく運用すれば、という但《ただ》し書きがついてのことである。

ヨーロッパでは、この交通機関が誰でも気軽に利用できる乗り物として定着し、富山ライトレールも黒字を計上した。ＬＲＴという交通機関が備える抜群の機動性が正しく理解されたうえで、各地でＬＲＴが運転される日が来れば、その頃の日本は、とても住みやすい国になっているはずである。

駅無人化、ワンマン運転‥省力化はどこまで進んでいる？

現在、全国の鉄道で人員の削減が進んでいる。それはなにもリストラを意味するものではなく、機械化、自動化の推進によって、人員の配置が見直されているということである。

遠い昔にバスの車掌が廃止され、ワンマン運転が始められたときに、多くの利用者はそのことに面食《めんく》らい、不安を述べる人も多くいた。けれどもバスがワンマン運転に変わっても、それで事故が多発することにはならなかった。

車掌がいた時代よりも負担が増えたかもしれない利用の方法にしても、利用者の側にも慣れが生じ、バスはワンマン運転が当たり前のものとなった。もしも今日、車掌が乗車している路線バスがあったとしたら、むしろ使いづらいと感じることさえあるかもしれない。

昭和の中頃まで、全国にある国鉄の駅のほとんどすべてには駅員が配置されていて、出札《しゅっさつ》業務、改札業務などの、いわゆる客扱いと呼ばれる仕事をこなしていた。ただし、駅員の仕事はそれがすべてではなく、通過する列車の安全を確認し、列車が安全に運行されていることを報告する。

さらに駅の近隣などで、たとえば崖くずれ、倒木《とうぼく》などのアクシデントが生じた際には現場の状況を確認し、応急処置を行なうこともある。この時代の鉄道マンのプロ意識は、こと運輸という項目においては一流で、多少の悪天候などにへこたれることなく、定時運行を死守したのである。

その働きぶりは献身的で、だから鉄道マン、あるいは鉄道という交通機関が利用者から尊敬されたのだった。そんな時代に地域の寄り合いがあれば、必ずといってよいほど、郵便局長と住職、そして駅長が招かれたのである。駅長は地域の名士に数えられていたのだ。

いま全国の、とくに地方の鉄道の駅の無人化が進められている。旅行好きの人であれば、訪れた駅が無人で、駅舎内には時刻表と運賃表、それに数枚のポスターが貼ってあるのみで、森《しん》閑《かん》とした様に淋《さび》しい思いをしたことがあるに違いない。

駅がこのような姿になってしまったのは、駅員のコストを削減する意味合いが大きいが、列車無線の普及などによって、人間の手に頼らずとも安全の確保が可能になったという点がその背景にある。以前は線路に異常が発見されたら、乗務員から線路の脇に設置された鉄道専用の電話を使って駅に伝えられ、それが中央に伝えられたのちに指示が出ていた。

しかし、列車無線があれば、情報を駅経由とする必要がなくなる。監視のためのカメラも設置箇所が増えている。

もちろん、人員の削減には問題点もあって、たとえば乗客に急病人が発生した際の処置である。以前は駅での応急対応が行なわれたが、現在、その仕事を務めるべきなのは乗務員ということになる。態勢は十分とはいえないのだろうが、これも時代のニーズということなのかもしれない。

列車のワンマン運転も増えている。都心の鉄道にはホームドア、監視カメラ、電車の運転台への無線とモニターの設置などによるバックアップ態勢が敷かれ、設備は年々充実している。

それでは、すべての鉄道で、ワンマン運転が可能なのだろうか？

おそらく、その答えは否《いな》である。なるほど、すべての駅に壁面《へきめん》をすべてガラスで覆《おお》うようなホームドアが設置され、運転される列車も同一車種で統一され、地下鉄のようなある種の密閉された空間であれば、突発的な事故への対応が求められる機会は少なくなるだろう。

しかし、戸外《こがい》の鉄道ではそういうわけにはいかず、列車の編成が長くなれば、乗客への細かな対応が求められるようになり、運転士ひとりでの対応は不可能になる。たとえ可能であったとしても大幅な列車の遅延を招くことになり、それは鉄道という交通機関のあるべき姿からは大きく逸脱《いつだつ》したものとなる。

数字が目に見えやすいコストカットは経営者にとっては魅力的な即効薬に見えるのだが、乗客への安心の提供は、それ以前の問題である。近年は福井県のえちぜん鉄道のように、列車にアテンダントを乗車させることでキメの細かいサービスを提供し、利用者から好評を得ているという事例もある。自分でクルマを運転することができず、鉄道が頼りとなっている高齢者にとっては、アテンダントは心強い存在となっていることだろう。同様のサービスを行なう路線がいま増えている。

一番大切なことは、鉄道が魅力的な乗り物であり続けることだろう。ワンマン化の実施が効率化のために必要であるならば、それによって得た利益を、どのようなかたちで利用者に還元するかが問われることになる。

JR旅客6社が直面している喫緊の課題とは？

リニア中央新幹線の建設工事が、いま足踏みをしている。

当初、リニア中央新幹線の名古屋開業は２０２７年の予定とアナウンスされていたが、現在の工事の停滞ぶりを見る限りでは、この目標の達成は不可能で、相当の遅延が予想される。現時点では、開業予定日の修正案は提示されていない。

リニア式鉄道の建設を不要と考える見解も多方面から挙げられており、それは主に環境面を考えての意見であるようだ。南アルプス（赤石《あかいし》山脈）の直下をトンネルで貫《つらぬ》くなど、確かに新しい鉄道の工事後には、規模の大きな環境の変化も生じ得る。昭和初期に東海道本線の丹那《たんな》トンネルが掘削《くっさく》されたときに、トンネルの直上に位置する丹那盆地の集落の水が枯れてしまったという実例もあり、自然環境は時に人間の思いの届かないところで大きく変化することがあるから、慎重な対応が必要だ。

しかし、磁気浮上式鉄道の完成、そして全国への延伸を夢見る人も多いことだろう。リニア中央新幹線が開業すれば、東京と名古屋は所要40分で、東京と大阪は所要67分で結ばれることになる。

テレワークという新しい仕事のスタイルが定着したいま、高いコストをかけての移動を不要とする考え方もあるが、日本を代表する都市の短時間での連絡は、新しいビジネスのスタイルを生み出すはずだ。先にも記したように、東海道新幹線の建設時にさえ、これを不要と考える声が少なからず挙がっていたのである。

別項でも記したように、リニア中央新幹線には、既存の東海道新幹線をバックアップする役割もあって、仮に東海道新幹線が不通になっても、バイパスとして利用できることになる。東海道新幹線の既存の構築物、たとえばコンクリート製の橋梁《きょうりょう》にしても、これが半永久的に使用できるものではないから、いずれ交替の必要が生じるときが来る。そのときにどうするかということは論議されておかなければならない。

第二青函トンネルを建設すべきだ、という意見も挙げられている。これは自動車道も併設して本州～北海道間の連携を強化したいという考え方も付け加えられているものだが、地球の構造にしても半永久的に同じ状態であることはなく、いつに日にか、青函トンネルに寿命が訪れるはずである。

それは１００年単位のスケールで考えていかなければならない問題で、けっして空想レベルの話ではなく、地球環境の変化によって既存の構築物に使用期限が訪れるというのは、瀬戸大橋などでも同様である。そのように考えると、あらゆる鉄道施設について代替を考えなければならないということになるが、突きつめて考えていくと、そういうことになる。

近年になって、集中豪雨があるたびに、日本のどこかで鉄道橋が流され、路線が不通になるという事態が発生しているが、それはつまり、明治、大正、昭和の時代に建設された鉄道が、その基礎的な部分をつくり直さなければならない時期が訪れていることを知らせているということなのかもしれない。

事例を列記してしまうと、暗いばかりの話題になってしまいそうだが、要は大局的な議論をして、次世代のあるべき鉄道の姿を為政者、鉄道事業者、利用者が共有しておくということだろう。

リニア中央新幹線は当初よりも大幅に遅れての開業となるだろうが、このほかにも全国で建設計画が進められている鉄道は多い。

ＪＲ北海道は北海道新幹線を札幌まで延伸させる工事を進めており、これは２０３０年度末の開業が予定されている。**ＪＲ九州**が２０２２（令和４）年９月23日に開業させた西九州新幹線は、いつの日にか延伸されて新鳥栖《しんとす》に達するはずである。

ＪＲ西日本の北陸新幹線は、２０２３年度内に金沢～敦賀《つるが》間を開通させ、まだ未決定の部分が多い敦賀～新大阪間についても、これから計画の詳細が詰められていくことになる。

そのほか、新幹線ばかりでなくＪＲの在来線、あるいは私鉄についても建設が掲げられ、実際に調査、工事が開始されている路線は数多い。そんな数々の、未来の鉄道の開業の日を楽しみに待っている人は少なくないはずだ。

ＪＲ貨物の現況と未来像とは？

本書ではここまでＪＲ６社の現在の姿を、さまざまな角度から比較して、それぞれの会社の特徴に思いを寄せてきた。

ただし、ＪＲグループにはもう1社、貨物輸送を専門に行なうＪＲ貨物、日本貨物鉄道株式会社が存在している。貨物輸送の会社はＪＲグループのなかで1社だけだから比較のしようがなく、したがって本書に登場する機会もなかったのだが、ここで鉄道貨物輸送の現況、そして未来像について考えてみたい。

国鉄の全盛期とされた昭和中期には、鉄道による貨物輸送にも大きな需要があった。まだ今日のような宅配便という事業は生まれておらず、個人が荷物を送ろうとするのであれば、それは郵便局か駅に持ち込むしかない。鉄道での輸送は利用者から「チッキ」とも呼ばれて親しまれ、これは「チェック」という言葉が転化したものといわれているが、私たちの生活に不可欠なものとなっていた。

しかし、「チッキ」は廃《すた》れていく。「チッキ」で荷物を送ると時間がかかり、農産品などが傷《いた》んでしまうというのが定評となり、やがてトラックを利用した民間の輸送業者に荷主を奪われてしまったのだ。

もちろん、それは国鉄の側でも十分に承知していたことで、高速運転に対応できる貨車を製作し、輸送方式をいくつもの操車場を経由する方式を改め（これが荷物を傷める原因となっていた）、拠点間を直行する方式とするなど、いくつもの改革が行なわれていた。しかし、それが鉄道の貨物輸送の姿を抜本《ばっぽん》的に変えるには至らず、全国の駅での貨物の扱いが廃止されていった。そのようななかでＪＲ貨物が生まれたのである。

鉄道貨物の衰退が明瞭《めいりょう》になっていた時代のＪＲ貨物のスタートは、これを不安視する向きも多かったが、発足後のＪＲ貨物は自社の専用機関車を製作するなどして、利用者を安心させた。

昭和時代までのさまざまな種類の貨車が連結された、スピードは遅くても編成は長大というかつての貨物列車のイメージは払拭《ふっしょく》され、コンテナ貨車、あるいはタンク車が主体となった貨物列車は、旅客列車に遜色《そんしょく》のない速度で走る。

運転経路が改められたことから、貨物列車の姿を見ることができる駅が減ったことは事実だが、石油輸送のルートになっている路線などでは、頻繁に行きかう貨物列車の姿を見ることができる。

２０１１（平成23）年3月11日に東日本大震災が発生し、東北地方に物資が枯渇《こかつ》した際も、現地に石油を運搬したのが貨物列車だった。あれだけの量の石油を一度に運ぶことは、トラックでは到底不可能なことで、未曽有《みぞう》の大災害が、鉄道貨物輸送のポテンシャルを示す場ともなったのである。

鉄道貨物輸送、すなわちＪＲ貨物が備えるこの大きなアドバンテージは、もちろんいまも失われていない。石油輸送、農産物輸送、工業製品の輸送などでは、これからも高いシェアを獲得し続けることだろう。

その一方で、そのような製品、原料などの輸送ルートから外れた地域では、見る影もないというのが現状である。それはたとえ話ではなく、現在、奈良、和歌山、島根、徳島、高知、長崎の各県を走るＪＲ貨物の列車はないとされ、これは利用者にとってはさしたる問題ではないのかもしれないが、古くから地方の駅にも必ずといってよいほど1両か2両の貨車が止まっていた姿を覚えている者にとっては淋しい事象となっている。

震災の発生後に鉄道貨物が疲弊《ひへい》した地域を救済したように、全国の鉄道を非常時には貨物列車が走行できるように、最低限のインフラは保っておくべきで、これは民間の一会社レベルの課題ではなく、国レベルでのテーマとなる。

ＪＲ貨物も変貌を続けている。新しいスタイルの貨物列車として、「スーパーレールカーゴ」(SUPER RAIL CARGO）の運転が開始されたのは、２００４（平成16）年3月13日のことで、Ｍ２５０系を名乗る貨物輸送専用の電車は、従来の貨物列車のイメージから大きく飛躍したスマートなものとして大きな話題となった。

この列車の運転はモーダルシフト、すなわち、トラック輸送への過度の依存を見直す事業の一環に位置づけられたものとなっており、化石燃料の枯渇に備えた取り組みは、これからも引き続きＪＲ貨物の課題となるはずだ。そして、新しい図式が描かれたときに、鉄道貨物輸送の存在意義が、さらに高まることになる。

ＪＲ旅客6社が日本の鉄道にもたらしたものとは？

日本全国の鉄道を一元的に運営した日本国有鉄道が姿を消し、民営会社としてのＪＲが発足して35年が経過した。

組織としての行きづまりが顕著《けんちょ》だった国鉄の解体は、この国の鉄道をより健全な姿で運営するための、やむを得ない、そして有効な方策であったことは間違いなく、新発足後のＪＲ各社は積極的な経営方針を前面に出し、みずからの手によってさまざまな改革を成し遂げることに成功した。

斬新《ざんしん》なデザインの新型車両の登場、積極的なイメージ戦略の遂行《すいこう》、旅行商品の開発や営業施策の採用は、仮にあのまま国鉄が存続していたとしても、実現は困難であっただろう。確かに国鉄の分割・民営化移行は、日本の鉄道の姿を根本から変えたのである。

しかし、その一方でＪＲ各社をめぐる状況は、近年厳しさを増しているようにも感じられる。それは駅に設けられた時計の撤去や、みどりの窓口の廃止など、あいついで進められていく合理化や、多発する災害と、それによって生じた不通区間のなかなか進まない復旧作業、さらには不通区間を廃止したいとするＪＲ側と、鉄道の存続を望む地元の対立などに見てとることができ、ＪＲ発足後に国民の誰もが感じていたであろう、この国の鉄道の明るい未来への到達は、いまだ道半《なか》ばといった様相を見せている。

民営会社への移行時に、組織の改編に必須とされる「血の入れ替え」が十分ではなく、民営会社に求められる気概《きがい》が、十分に育《はぐく》まれなかったことが、いまのＪＲの姿を創り出したのかもしれない。なにもここで「初心に帰れ」などと偉そうなことはいえないにしても、ＪＲ発足当時の希望に満ちた各社の姿を知る者の多くが、現在の各社の姿に少なからず歯がゆさを感じているのではないだろうか。

ともあれ、本書の最後に、新発足してからのＪＲ６社の功績を数えてみよう。

その第一は、やはり空気の入れ替えによって生まれた職員の意識の変化だろう。出札窓口に就《つ》く若い男女のはつらつとした姿は見ていて気持ちのよいもので、複雑な券売機を苦もなく操作する姿は、どこか投げやりな雰囲気も感じられた国鉄時代との大きな違いとなっている。

斬新な意匠を備えた新型車両のあいつぐ投入も、ＪＲ発足後の大きな潮流となった。これまでにも記してきたように、国鉄という組織は汎用性の高い車両を全国で運行することを身上《しんじょう》としてきたから、新機軸の採用という点については、どうしても私鉄の後塵《こうじん》を拝することになり、それが運輸の現場からも活気をそいでいたように感じられる。

もしいまも、80年代に製作された車両、あるいは製造年次こそ違えども、基本的なコンセプトはその当時と変わらない車両が全国を走り続けていたとしたら、航空機と乗用車が誰もが気軽に使えるようになった現代において、鉄道の地盤沈下はいよいよ顕著なものとなっていたことだろう。

経営の多角化も、確かにＪＲという組織を活性化させている。いまや大都市の主要駅の周辺には、ＪＲが運営する商業ビルが建ち、地域のランドマークとなっている。

さらには、ＪＲの関連会社が運営を手がけるショップ、ストア、飲食店が、街をさらに賑《にぎ》やかなものにしている。鉄道の関連商品にも楽しいものが多い。お洒落な料理を提供するグルメ列車や、さまざまなイベントのチケットを、いまは駅の窓口で購入できる。レンタカーや、ホテルの予約も可能だ。経営の多角化もまた、鉄道会社に活力を与えたのである。

課題は残されている。路線の廃止にしても、鉄道関連施設の縮小にしても、関連事業からの撤退にしても、不採算だからといって工夫を施《ほどこ》さないままであるならば、それは〝不戦負〟とでもいうべきもので、スポーツの不戦敗はまだ自分だけで済む話だが、事業の不戦敗で被害をこうむるのは利用者である。安易な切り捨てがあってはならない。

昭和30年代に東海道新幹線の建設という大事業が、わずか5年半あまりで完成に至ったのは、多くの国民がこの世紀の大事業を応援していたからに違いない。新幹線の建設に、国民は明日への希望を見ていたのである。

閉塞感に満ちた現代という時代を、東海道新幹線が建設されたような希望に満ちた時代にできるのかどうか。それはとりもなおさず、これからのＪＲ各社がとる道にかかっている。民営会社としての再スタートを切り、さまざまな新しい姿を見せてくれたＪＲ各社のこれからを見守っていきたい。

おわりに――

国鉄最後の日の夜のことを、私はいまでも鮮明に覚えている。その日は朝から一日、東京駅にいて、数多くの列車が発着するのを見続けていた。あたりが暗くなる頃には、駅に数多くの人がやってきて、誰もが長年親しんできた国鉄との別れを惜しんでいた。

この日、全国のいたるところで、さまざまな行事が行なわれ、どこも大変な人出で賑《にぎ》わったという。つまりそれだけ、日本の鉄道を象徴する「国鉄」という組織が、多くの人に愛されていたということだ。もしも、忌《い》み嫌われる存在であったなら、たとえ何がそこで起ころうとも、現場に足を運ぶ人などいなかっただろう。

あれから35年が経過したが、国鉄の分割・民営化が最善の方法であったのかについては、評価は人それぞれではないだろうか。なるほど、国鉄時代に感じられた組織内のどこか淀《よど》んだ空気は一掃され、駅の窓口では若い職員が颯爽《さつそう》と働き、その姿はうらやましささえ感じるほどである。

しかし、その一方でくり返し報じられる、路線の廃止や新線の建設をめぐっての各社と地方自治体の対立には、ＪＲ発足時に私たちが感じた大きな期待、未来像との格差を思い知らされてしまう。分割・民営化による組織の刷新《さつしん》は、いまだ道半《なか》ばということなのだろう。

あの国鉄最後の夜からの35年間とは何だったのだろうかと思うところもあるが、これはＪＲ各社の今後のさらなる進歩に期待したい。

JRグループ35年の歩み

1987（昭和62）年

4月1日　国鉄分割民営化。JR7社（北海道・東日本・東海・西日本・四国・九州・貨物）発足

7月13日　JR北海道　幌内線・岩見沢～幾春別間、三笠～幌内間廃止

　JR西日本　信楽線・貴生川～信楽間廃止（第三セクター鉄道「信楽高原鐵道」に転換）

7月16日　JR東日本　会津線・西若松～会津高原間廃止（第三セクター鉄道「会津鉄道」に転換）

7月25日　JR西日本　岩日線・川西～錦町間廃止（第三セクター鉄道「錦川鉄道」に転換）

10月2日　JR四国　予讃本線・坂出～多度津間電化

10月14日　JR西日本　若桜線・郡家～若桜間廃止（第三セクター鉄道「若桜鉄道」に転換）

1988（昭和63）年

1月31日　JR東海　岡多線・岡崎～新豊田間廃止（第三セクター鉄道「愛知環状鉄道」に転換）

2月1日　JR北海道　松前線・木古内～松前間廃止。JR九州　山野線・水俣～栗野間廃止

3月13日　JR北海道／JR東日本　津軽海峡線・中小国～木古内間開業（青函トンネル供用開始）

3月24日　JR東日本　木原線・大原～上総中野間廃止（第三セクター鉄道「いすみ鉄道」に転換）

3月25日　JR西日本　能登線・穴水～蛸島間廃止

4月1日　JR四国　中村線・窪川～中村間廃止（第三セクター鉄道「土佐くろしお鉄道」に転換）

　JR九州　松浦線・有田～佐世保間廃止（第三セクター鉄道「松浦鉄道」に転換）

4月10日　JR西日本／JR四国　本四備讃線・茶屋町～宇多津間開業（瀬戸大橋が開通）

4月11日　JR東日本　真岡線・下館～茂木間廃止（第三セクター鉄道「真岡鐵道」に転換）

4月25日　JR北海道　歌志内線・砂川～歌志内間廃止

9月1日　JR九州　上山田線・飯塚～豊前川崎間廃止

10月25日　JR東日本　長井線・赤湯～荒砥間廃止（第三セクター鉄道「山形鉄道」に転換）

12月1日　JR東日本　京葉線・新木場～南船橋間、市川塩浜～西船橋間開業

1989（平成元）年

3月11日　JR東日本の常磐線、JR西日本の湖西線と北陸本線で、在来線初の130㎞／h運転を開始

3月29日　JR東日本　足尾線・桐生～足尾本山間廃止（第三セクター鉄道「わたらせ渓谷鐵道」に転換）

4月25日　JR九州　高千穂線・延岡～高千穂間廃止（第三セクター鉄道「高千穂鉄道」に転換）

4月30日　JR北海道　標津線・標茶～根室標津間、中標津～厚床間廃止

5月1日　JR北海道　天北線・音威子府～南稚内間、名寄本線・名寄～遠軽間廃止

6月4日　JR北海道　池北線・池田～北見間廃止（第三セクター鉄道「北海道ちほく高原鉄道」に転換）

10月1日　JR九州　伊田線・直方～田川伊田間、糸田線・金田～田川後藤寺間、田川線・行橋～田川伊田間廃止（いずれも第三セクター鉄道「平成筑豊鉄道」に転換）

JR九州　湯前線・人吉～湯前間廃止（第三セクター鉄道「くま川鉄道」に転換）

12月23日　JR九州　宮田線・勝野～筑前宮田間廃止

1990（平成2）年

4月1日　JR西日本　宮津線・西舞鶴～豊岡間廃止（第三セクター鉄道「北近畿タンゴ鉄道」に転換）

JR西日本　鍛冶屋線・野村～鍛冶屋間、大社線出雲市～大社間廃止

JR西日本　博多南線・博多～博多南間開業

4月29日　JR九州、世界で初めて電車と気動車の協調運転を開始

1991（平成3）年

6月20日　JR東日本　東北新幹線・上野～東京間開業

1992（平成4）年

3月14日　ＪＲ東海、東海道新幹線で３００系「のぞみ」運転開始

7月1日　ＪＲ東日本　山形新幹線・福島〜山形間開業

1993（平成5）年

3月18日　ＪＲ四国、２０００系気動車運転開始

1994（平成6）年

5月16日　ＪＲ北海道　函館本線上砂川支線・砂川〜上砂川間廃止

6月15日　ＪＲ西日本　関西空港線・日根野〜関西空港間開業

7月15日　ＪＲ東日本、Ｅ１系新幹線運転開始

1995（平成7）年

1月17日　阪神・淡路大震災発生

9月4日　ＪＲ北海道　深名線・深川〜名寄間廃止

1996（平成8）年

7月18日　ＪＲ九州　宮崎空港線・田吉〜宮崎空港間開業

1997（平成9）年

3月22日　ＪＲ東日本　秋田新幹線・盛岡〜秋田間開業

ＪＲ西日本　山陽新幹線で５００系新幹線の運転を開始

4月1日　ＪＲ西日本　美祢線・南大嶺〜大嶺間廃止

10月1日　ＪＲ東日本　北陸新幹線・高崎〜長野間開業（当面の呼称は「長野行新幹線」）

ＪＲ東日本　信越本線・横川〜軽井沢間、軽井沢〜篠ノ井間廃止（第三セクター鉄道「しなの鉄道」に転換）

12月20日　ＪＲ東日本、Ｅ４系新幹線運転開始

1998(平成10)年

7月10日　ＪＲ東海とＪＲ西日本、寝台特急「サンライズ瀬戸」「サンライズ出雲」運転開始

1999(平成11)年

3月13日　ＪＲ東海とＪＲ西日本、７００系新幹線運転開始

12月4日　ＪＲ東日本　山形新幹線・山形〜新庄間開業

2000(平成12)年

3月11日　ＪＲ西日本「ひかりレールスター」運転開始

2001(平成13)年

12月1日　ＪＲ東日本、湘南新宿ライン開業

2002(平成14)年

12月1日　ＪＲ東日本　東北新幹線・盛岡〜八戸間開業
東北本線　盛岡〜八戸間を廃止(盛岡〜目時間を第三セクター鉄道「ＩＧＲいわて銀河鉄道」に、目時〜八戸間を第三セクター鉄道「青い森鉄道」に転換)

2003(平成15)年

12月1日　ＪＲ西日本　可部線・可部〜三段峡間廃止

2004(平成16)年

3月13日　ＪＲ九州　九州新幹線・新八代〜鹿児島中央間開業
鹿児島本線・八代〜川内間を廃止(第三セクター鉄道「肥薩おれんじ鉄道」に転換)
ＪＲ貨物、２５０系「スーパーレールカーゴ」運転開始

2005(平成17)年

4月25日　ＪＲ西日本福知山線で脱線事故

2006(平成18)年

3月1日　ＪＲ西日本 富山港線・富山～岩瀬浜間廃止

2007(平成19)年

7月1日　ＪＲ東海とＪＲ西日本、Ｎ７００系新幹線運転開始

7月31日　ＪＲ東日本、初めてのハイブリッド気動車キハＥ２００形を小海線で運転開始

2008(平成20)年

12月14日　ＪＲ西日本、０系新幹線の運転を終了（さよなら運転）

2009(平成21)年

3月14日　ＪＲ九州、寝台特急「はやぶさ」と「富士」を廃止。東京～九州間のブルートレイン全廃に

2010(平成22)年

12月4日　ＪＲ東日本 東北新幹線・八戸～新青森間開業。東北本線・八戸～青森間を廃止（第三セクター鉄道「青い森鉄道」に転換）

2011(平成23)年

3月11日　東日本大震災発生

3月12日　ＪＲ九州 九州新幹線・博多～新八代間開業

5月27日　ＪＲ北海道 石勝線で特急列車の脱線・火災事故発生

7月9日　ＪＲ四国 予土線で「海洋堂ホビートレイン」運転開始

2012(平成24)年

3月16日　ＪＲ東海、３００系新幹線運転終了（さよなら運転）

ＪＲ西日本、１００系新幹線運転終了（さよなら運転）

8月20日　ＪＲ東日本　気仙沼線でＢＲＴ運行を開始

10月1日　ＪＲ東日本、東京駅丸ノ内新駅舎完成

12月18日　ＪＲ東日本、Ｅ１系新幹線運転終了（さよなら運転）

2013（平成25）年

4月14日　ＪＲ東日本、２００系新幹線運転終了（さよなら運転）

10月15日　ＪＲ九州「ななつ星 in 九州」運転開始

2014（平成26）年

5月12日　ＪＲ北海道　江差線・木古内〜江差間廃止

2015（平成27）年

3月12日　ＪＲ西日本の寝台特急「トワイライトエクスプレス」廃止

3月14日　ＪＲ東日本とＪＲ西日本、北陸新幹線・長野〜金沢間開業

ＪＲ東日本　信越本線・長野〜妙高高原間廃止（第三セクター鉄道「しなの鉄道」に転換）

信越本線・妙高高原〜直江津間、北陸本線・市振〜直江津間廃止（第三セクター鉄道「えちごトキめき鉄道」に転換）

8月20日　ＪＲ東日本とＪＲ北海道の寝台特急「北斗星」、臨時列車も含めたすべての運転終了

2016（平成28）年

3月12日　ＪＲ東日本とＪＲ北海道、最後の急行列車「はまなす」廃止

3月26日　ＪＲ北海道　北海道新幹線・新青森〜新函館北斗間開業

12月5日　ＪＲ北海道　留萌本線・留萌〜増毛間廃止

2017（平成29）年

5月1日　JR東日本「TRAIN SUITE 四季島」運転開始
6月17日　JR西日本「TWILIGHT EXPRESS 瑞風」運転開始

2018（平成30）年

4月1日　JR西日本 三江線・江津～三次間廃止

2019（平成31／令和元）年

4月1日　JR北海道 石勝線夕張支線・新夕張～夕張間廃止

2020（令和2）年

3月1日　JR東海、700系新幹線運転終了
5月7日　JR北海道 札沼線・北海道医療大学～新十津川間廃止
9月11日　JR西日本「WEST EXPRESS 銀河」運転開始

2021（令和3）年

4月1日　JR北海道 日高本線・鵡川～様似間廃止
10月17日　JR東日本、E4系新幹線運転終了（臨時列車）

2022（令和4）年

3月14日　JR九州、YC1系運転開始
7月1日　JR東海、HC85系気動車運転開始
9月23日　JR九州 西九州新幹線・武雄温泉～長崎間開業

●主要参考文献

【書籍】

『鉄道要覧』（電気車研究会）

『数字で見る鉄道』国土交通省鉄道局（運輸総合研究所）

『新幹線テクノロジー』佐藤芳彦（山海堂）

『ＪＲ東日本最強の秘密』（洋泉社）

【定期刊行物】

『鉄道ピクトリアル』各号（電気車研究会）

『週刊東洋経済』（東洋経済新報社）